MARCO POLO

SYLT

Reisen mit **Insider Tipps**

Der weite, unverstellte Blick, wenn man am Flutsaum entlangwandert und aufs Meer schaut. Und dieser Geruch! Die Nordsee und die Inselvegetation haben in jeder Jahreszeit einen ganz eigenen Duft – Sylt kann man wirklich riechen!

MARCO POLO Korrespondent
Arnd M. Schuppius

(siehe S. 118)

W0381989

Weitere Titel:
Nordseeküste Schleswig-Holstein
Amrum, Föhr

Spezielle News, Lesermeinungen und Angebote zu Sylt:
www.marcopolo.de/sylt

SYLT

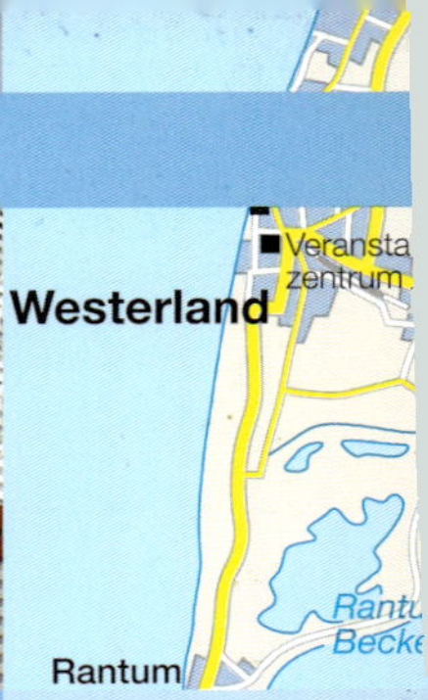

> SYMBOLE

Insider Tipp **MARCO POLO INSIDER-TIPPS**
Von unseren Autoren für Sie entdeckt

★ **MARCO POLO HIGHLIGHTS**
Alles, was Sie auf Sylt kennen sollten

SCHÖNE AUSSICHT

WLAN-HOTSPOT

▶▶ **HIER TRIFFT SICH DIE SZENE**

> PREISKATEGORIEN

HOTELS

€€€ über 200 Euro
€€ 130–200 Euro
€ unter 130 Euro

Die Preise beziehen sich auf ein Doppelzimmer mit Frühstück in der Hauptsaison

RESTAURANTS

€€€ über 20 Euro
€€ 15–20 Euro
€ unter 15 Euro

Die Preise beziehen sich auf ein Hauptgericht am Abend, ohne Getränke

> KARTEN

[104 A1] Seitenzahlen und Koordinaten für de Reiseatlas Sylt

[U A1] Koordinaten für di Westerlandkarte in hinteren Umschlag

[0] außerhalb des Kartenausschnitts

Karten von Kampen, Keitur und Westerland finden Sie im hinteren Umschlag, eine Karte von List auf S. 53 und eine Karte von Wenningste auf S. 73

DIE BESTEN MARCO POLO INSIDER-TIPPS .... UMSCHLAG
DIE BESTEN MARCO POLO HIGHLIGHTS 4

AUFTAKT 6

SZENE 12

STICHWORTE 16
EVENTS, FESTE & MEHR 22
ESSEN & TRINKEN 24
EINKAUFEN 28

DIE ORTE 30

INHALT

> SZENE

S. 12–15: Trends, Entdeckungen, Hotspots! Was wann wo auf Sylt los ist, verrät der MARCO POLO Szeneautor vor Ort

> 24 STUNDEN

S. 86/87: Action pur und einmalige Erlebnisse in 24 Stunden! MARCO POLO hat für Sie einen außergewöhnlichen Tag auf Sylt zusammengestellt

> LOW BUDGET

Viel erleben für wenig Geld! Wo Sie zu kleinen Preisen etwas Besonderes genießen und tolle Schnäppchen machen können: S. 36

Jugendherbergen in List und Hörnum | Salate, Suppen & mehr für wenig Geld | Kombitour Bus-Schiff | Preiswert satt werden im Fischbistro | Wo Sie wann für weniger als 5 Euro futtern | Kostenlos mit der Kutsche durch Keitum | Ohne Maut auf den Lister Ellenbogen | Günstiger in die Sylter Welle

> GUT ZU WISSEN

Was war wann? S. 10 | Spezialitäten S. 26 | Wohin treibt die Insel? S. 34 | Charaktervögel S. 56 | Söl'ring S. 60 | Sandvorspülungen S. 62 | Blogs & Podcasts S. 66 | Dünenschutz S. 69 | Bücher & Filme S. 70 | Was kostet wie viel? S. 100 | Wetter in Westerland S. 101

AUF DEM TITEL

Den glühenden Sonnenuntergang an der Steilküste erleben S. 70
Hier surft die Elite S. 23

AUSFLÜGE & TOUREN 82
24 STUNDEN AUF SYLT 86
SPORT & AKTIVITÄTEN 88
MIT KINDERN UNTERWEGS 92

PRAKTISCHE HINWEISE 96

REISEATLAS SYLT 102
KARTENLEGENDE REISEATLAS 114

REGISTER 116
IMPRESSUM 117
UNSER INSIDER 118

BLOSS NICHT! 120

ENTDECKEN SIE SYLT!

Unsere Top 15 führen Sie an die traumhaftesten Orte und zu den spannendsten Sehenswürdigkeiten

Die Highlights sind in der Karte auf dem hinteren Umschlag eingetragen

1 Orgelkonzerte
Die beeindruckende Orgel der Keitumer St.-Severin-Kirche garantiert unvergessliche Abende (Seite 22)

2 Naturschutzgebiet und Naturzentrum Braderuper Heide
Eine Art Lüneburger Heide mit Meerblick – im Sommer ein einziges rosa Blütenmeer (Seite 33)

3 Hörnum-Odde
Wo sich die Meere treffen, wird die Gefährdung der Insel besonders deutlich (Seite 35)

4 Budersand
Golfplatz, Hotel und Restaurant bilden ein einmalig schönes Ensemble nördlich vom Hörnumer Hafen (Seite 36)

5 Vogelkoje
In dem grünen Dschungel nördlich von Kampen, wo man einst Enten den Hals umdrehte, breitet sich heute ein reichhaltiges Pflanzenbiotop aus (Seite 41)

6 Kupferkanne
Genuss im Untergrund: Im ehemaligen Flakbunker in Kampen genießt man heute köstlichen Kuchen (Seite 42)

7 Kliffweg
Der kleine Fußweg am Grünen Kliff in Keitum ist ein unspektakuläres Idyll für Romantiker (Seite 46)

8 Sylter Heimatmuseum
Hier erfahren Sie viel über das einstige Leben der Insulaner – Heimatkunde fürs Herz (Seite 48)

> DIE BESTEN MARCO POLO HIGHLIGHTS

9 Erlebniszentrum Naturgewalten Sylt
Nordsee und Wetter, Wind und Watt sind Themen des spannenden Ausstellungszentrums am Lister Hafen (Seite 52)

10 Wanderdünen
„Wie Gletscher eines Hochgebirges" empfand der Dichter Gerhart Hauptmann die gewaltigen Wanderdünen des Listlands (Seite 54)

11 Morsum-Kliff
Das farbenprächtige Kliff ist ein einmaliger geologischer Glücksfall (Seite 58)

12 Sansibar
Viel gerühmt, manchmal geschmäht – auf jeden Fall unverzichtbar: Herbert Secklers „Bude" zwischen Dünen und Strand (Seite 65)

13 Söl'ring Hof
Der König der Sylter Köche ist Johannes King in seinem Schlemmerparadies in den Dünen von Rantum (Seite 65)

14 Denghoog
Bis heute ist nicht geklärt, wie Sylts damalige Bewohner vor mehr als 5000 Jahren dieses gewaltige Hügelgrab im heutigen Wenningstedt bauen konnten (Seite 70)

15 Rotes Kliff
Erst ein glutroter Sonnenuntergang überm Meer garantiert, dass das berühmte Kliff an der Westküste zwischen Wenningstedt und Kampen seinem Namen gerecht wird. Dann ist es einmalig schön! (Seite 70)

Dünenlandschaft am Ellenbogen

AUFTAKT

„Ich fahre für ein paar Tage auf die Insel …“ Eigentlich weiß damit jeder, dass hier nicht Mallorca oder Ibiza, Capri oder Rhodos gemeint ist. Schließlich kann es für Syltfans nur eine geben. Und doch wird mit dieser Ankündigung nur ein Klischee bedient, denn Sylt ist – und war immer – viel mehr als Schickimicki und hohe Preise: nämlich Meer und Strand, Dünen und Watt, Marsch und Heide – Natur pur also. Und wenn sich zur vielfältigen Landschaft noch ein ebensolches Angebot für Sportler und Gourmets, Wellnessfreunde und Nachtschwärmer gesellt, dann ist „die Insel“ recht treffend beschrieben. Trauen Sie sich, fahren Sie hin!

Ein echter Syltfan ist eine ganz besondere Variante des „homo turisticus". Wassertemperaturen, die auch im Sommer nur selten die 20-Grad-Marke erreichen, schrecken ihn ebenso wenig wie Stürme im Frühjahr oder die gar nicht so geringe Wahrscheinlichkeit von Schauerstaffeln auch zur Hochsaison. Begeistert kehrt er jedes Jahr wieder. Die Sylter dürfen sich glücklich ob solcher Gäste schätzen – klaglos erdulden diese auch Wetterlagen, die jedem Tourismusmanager am Mittelmeer den Schlaf rauben würden.

Nicht, dass es auf Sylt keine windstillen Sommertage gäbe, verschneite Winteridylle oder Dolce Vita am Strand – nur rechnen darf man damit nicht! Ob jemand, der Sylt das erste Mal besucht, zum Syltfan wird oder nicht, entscheidet sich sehr schnell. Die Insel fordert förmlich ein Urteil heraus, gleich in den ersten Stunden. Ein Strandspaziergang bei Gegenwind Stärke 8: gigantisch oder einfach nur grausam? Ein Bad in der Sylter Brandung: belebend und berauschend oder eher beängstigend? Ein Spaziergang durch die einsame Landschaft des Listlandes: lohnend oder nur langweilig?

Mehr als ein Drittel steht unter Naturschutz

Vermutlich erging es auch den ersten Badegästen nicht anders, die Mitte des 19. Jhs. nach einer mühevollen Schiffsanreise die Insel erreichten. Die mussten damals allerdings auch noch den Service fürchten: „Comfort gering, unglaubliche Betten, die Matratzen mit Austernschalen gestopft –

Sonnenuntergang am Weststrand: ein Anblick, der schon viele süchtig machte

man muss sich immer freuen, wenn die Nacht und das Essen vorbei sind", schrieb der Maler Ludwig Knaus 1867 in sein Tagebuch. Diese Zustände sind heute gottlob vorbei. Das Angebot an Hotels, Pensionen, Apartments und Restaurants entspricht der Volksweisheit „Wer die Wahl hat, hat die Qual".

Das Eiland – bereits in der Stein- und Bronzezeit Heimat für viele Menschen, später besiedelt von Friesen – hatte schon einiges durchgemacht. Acker- und Siedelflächen waren durch den Anstieg des Meeresspiegels dramatisch verringert worden, viele Dörfer lagen längst auf dem Grund des Meeres. Die Klimaverschlechterung und Sturmfluten ließen außerdem nicht gerade üppige Ernten zu, sodass das Leben auf Sylt in früheren Zeiten ohne Übertreibung als erbärmlich bezeichnet werden kann. Erst im 17. Jh. änderte sich das Schicksal: Das zur Seemacht aufgestiegene Holland benötigte wagemutige Männer für Schiffe, die zum Walfang ins Nordmeer aufbrachen oder im Auftrag der Handelskompanien in Richtung Asien unterwegs waren. Wagemutig waren die Sylter wohl nicht unbedingt, aber arm und hungrig. Außer ihrem Leben hatten sie kaum etwas zu verlieren, sodass viele die Chance ergriffen. Mit Glück konnte man Kapitän und somit reich werden – so brach auf Sylt ein „Goldenes Zeitalter" an, dessen Reichtum sich insbesondere im Hausbau niederschlug. Keitum mit seinen vielen Friesenhäusern aus jener Ära lässt diese Zeit heute noch wach werden.

> ***Einsame Plätze sind nach wie vor zu finden***

1750 hatte Sylt um 2700 Einwohner, von denen mehr als 500 Seefahrer waren, das heißt: Praktisch jeder Mann fuhr zur See. Dass auch diese Zeit nicht nur golden war, verrät ein Blick in die damaligen Sterberegister. Alle Familien betrauerten Brüder, Väter und Söhne, die auf See geblieben waren. Viele Frauen blieben unverheiratet, weil der Überschuss des weiblichen Geschlechts fast 50 Prozent betrug.

Trotzdem konsolidierte sich die Finanzlage der Sylter in dieser Phase. Man musste nicht am Hungertuch nagen, als es mit der großen Zeit der

WAS WAR WANN?

Geschichtstabelle

Um 6000 v. Chr. Durch den Anstieg des Meeresspiegels wird Sylt langsam zur Insel

Um 4000 v. Chr. In der Jungsteinzeit erste Besiedlung. Die Bewohner schaffen gewaltige Megalithgräber („Hünengräber")

Um 800 n. Chr. Einwanderung friesischer Siedler. Die Keimzellen der heutigen Orte entstehen

1141 Erste urkundliche Erwähnung der Insel Sylt

1362 Die Marcellus-Sturmflut, auch „grode Mandränke" genannt, zerstört das alte Nordfriesland

1634 Die Burchardiflut zerstört den letzten Deich auf Sylt

um 1750 „Goldenes Zeitalter" Sylts: Die Insulaner leben vom Walfang und der Handelsschifffahrt

1855 Westerland wird Seebad, das Dorf verzeichnet 98 Kurgäste

1927 Der Hindenburgdamm wird eingeweiht

1960er-Jahre Der Fremdenverkehr boomt. Der Jetset im Gefolge von Gunter Sachs beschert Kampen den Beinamen „St-Tropez des Nordens"

1972 Die erste Sandvorspülung zur Sicherung der Küste wird vor Westerland vorgenommen

1985 Das schleswig-holsteinische Wattenmeer wird Nationalpark

2007 Schon im Januar hat das Meer die 3,5 Mio. Euro teuren Sandvorspülungen des Vorjahrs komplett zunichte gemacht

Seefahrt Anfang des 19. Jhs. zu Ende ging. Die Zeitspanne, bis die ersten Badegäste das zweite goldene Zeitalter einläuteten, überbrückte man vor allem mit Landwirtschaft; häufig findet man in alten Steuerlisten aber auch den Eintrag „lebt von seinem Vermögen".

> *Ein Bad in der Brandung: belebend und berauschend*

Der einsetzende Fremdenverkehr veränderte die Insel nachhaltig. Die einst reichen Dörfer im Osten der Insel wie Keitum und Morsum gerieten plötzlich ins Hintertreffen, denn die Gäste wollten an den Strand, den es nur im Westen gab, wo die armen Dörfer lagen. So war bald Westerland das eleganteste Bad an der deutschen Nordsee. Nach dem Zweiten Weltkrieg knüpfte Westerland nie wieder an die alten Erfolge an.

Andere Orte hatten nun die Nase vorn, wie Kampen, wo sich in den Wirtschaftswunderzeiten der Jetset niederließ und Sylt ein neues Image verpasste. Hatten in den Zwanziger- und Dreißigerjahren Verleger wie Ernst Rowohlt und Peter Suhrkamp dazu beigetragen, dass der Ruf der Insel hinausgetragen wurde, waren es in den Fünfzigerjahren Axel Springer mit seiner Regenbogenpresse und später der Journalist Werner Höfer oder Oswalt Kolle, der seine Aufklärungsfilme u. a. am Sylter Strand drehte. „Insel der Nackten und Reichen" hieß es nun, und dieses Vorurteil hat sich bis heute hartnäckig gehalten.

Damit wären wir wieder beim Syltfan, der manchmal tatsächlich nackt und manchmal auch reich ist – der aber ganz bestimmt ein Faible für die Natur haben muss. Die einzigartige Natur, derentwegen die Gäste kommen, muss manchmal sogar vor ihren Verehrern geschützt werden. Da über ein Drittel der Sylter Fläche unter Naturschutz steht, sind Konflikte an der Tagesordnung. Auch mit den gemessen an anderen europäischen Urlaubszielen ist Sylt immer noch idyllisch, weil einsame Plätze nach wie vor zu finden sind.

Ein weiteres Plus neben der Natur ist die Alternative zu dieser: Mit der Stadt Westerland und vielen attraktiven Dörfern bietet Sylt die nötige Infrastruktur, um einen Urlaub ausgesprochen abwechslungsreich gestal-

Von einer Engstelle im Norden Kampens haben Sie Strand- und Wattseite im Blick

Gästen, die sich nicht gängeln lassen wollen und trotz Verbot beispielsweise die Dünen betreten. Doch auch mit den Gemeinden, die ihre Bebauungsgrenzen allzu gerne überschreiten. Langjährige Syltfans kehren ihrer Liebe auch aufgrund des stetig zunehmenden Verkehrs den Rücken. Doch ten zu können. So ist etwa die große Anzahl an ausgezeichneten Restaurants auf so engem Raum nahezu einmalig in Deutschland. Machen Sie sich also auf die Suche nach „Ihrem" Sylt! Dieser MARCO POLO Band wird Ihnen helfen, eine ganz besondere Insel zu entdecken.

TREND GUIDE SYLT

Die heißesten Entdeckungen und Hotspots!
Unser Szene-Scout zeigt Ihnen, was angesagt ist

Dirk Breidenbach
verbringt jeden Sommer auf Sylt, wo er vor allem die unberührte Natur und das Meer sehr schätzt. Seine Lieblingsaktivitäten in der Natur: radfahren, segeln und das morgendliche Bad in der Brandung. Aber auch an Land ist er gut unterwegs: Er vertreibt Beachwear für die Freunde des Strandlebens unter dem Label *Strandkörbchen (www.strandkoerbchen.com).*

PARTYZONE BEACH

Feiern am Strand

Schuhe aus, Zehen in den Sand und zu chilligen Beats bis in die frühen Morgenstunden tanzen – schöner kann Nightlife nicht sein. Sylts Partypeople zieht es an den Strand. Hotspot in Westerland ist die *Bar Santa Fe (Keitumer Chaussee 10).* Direkt hinter einer Düne liegt *Reiners Osteria (Fischerweg 32, Westerland, www.reiners-osteria-sylt.de).* Strandkörbe, Kinosessel und Designmöbel reihen sich hier aneinander, Musik und gutes Essen sorgen für Partystimmung. Surfboys und -girls treffen sich im *Badezeit (Dünenstr. 3, Westerland, www.badezeit.de).* Und wenn sich dann anlässlich des Surfworldcups im Herbst die Spitzensportler auf Sylt einfinden, rockt der Laden. In Kampen tanzen Nachtschwärmer im *Buhne 16 (Listlandstr. 128 c, www.buhne16.de).* Legendär sind die *Vollmondpartys (Weststrand 13, List, www.bam-bus.de)* von Klaus Bambus.

SZENE

▶▶ KREATIVE KURSE

Do it yourself

Nur keine Scheu vor dem eigenen Können. Selbstgemachtes steht auf Sylt hoch im Kurs. In immer mehr Workshops sind Kreativität und handwerkliches Geschick gefragt. Goldschmiedin *Birgit Damer (Mühlenweg 1, Keitum, www.birgit-damer.de)* weiht Interessierte in die jahrhundertealte Kunst des Schmiedens ein – vom Sägen über Feilen bis hin zum Löten. Das Resultat ist ein Schmuckstück nach eigenem Entwurf Die alte Dorfschmiede in Morsum ist Galerie, Atelier und Malschule in einem: In den Kursen von *Traute Nierth (Terpstich 64, Morsum, www.malkurse-sylt.de,* Foto*)* experimentieren Hobbykünstler mit Farben und Techniken. Wer sich in der Kunst der Schokoladenverzierung probieren will, ist in der *Sylter Schokoladenmanufaktur (Zum Fliegerhorst 15, Tinnum, www.sylter-schokoladenmanufaktur.de)* richtig. Hier kann man jeden Mittwoch von 13 bis 15.30 Uhr die süßen Teile selbst gestalten.

▶▶ SHANTI!

Body, Soul and Spirit

Einmal verbiegen bitte und dabei das innere Gleichgewicht finden. Keine Frage: Yoga tut der Seele gut, und wenn die Asanas dann auch noch mit Blick aufs Meer durchgeführt werden, sind die Sylter nicht mehr zu halten. *Yoga am Meer (Mövenbergstr. 6, List, www.yogaammeer.de)* bietet Gruppen- und Einzelunterricht mit Wellenrauschen an. Bei *Breathwalk (www.breathwalk-am-meer.de,* Foto*)* heißt es gehen und dabei bewusst atmen. Die Verbindung zwischen Walking und Yoga ist laut Anbieterin der Schlüssel zum Glück. Und eine Fasten-Wander-Woche entspannt vollends *(Fichtenweg 6, Westerland, www.fasten-sylt.de).*

WIND UND WELLEN

Hotspot für Surfer aller Art

Sylt ist das Paradies für Surfer und Kiter. Die Bedingungen sind ideal. Anfänger üben an der Wattseite im Osten, Fortgeschrittene beweisen ihr Können am Weststrand. Material und Kurse im Surfen und Kiten gibts bei der *Surfschule Westerland (Brandenburger Str. 15, Westerland, www.sunsetbeach.de)*. Tipp: Im hauseigenen Café trifft sich die Szene und diskutiert über die besten Tipps und Tricks. Deutschlands Windsurfelite trifft sich alljährlich beim *Volvo Surf Cup (www.windsurfcup.de)* in Westerland. Die weltbesten Windsurfer treten jedes Jahr im Herbst beim *Colgate World Cup (www.worldcupsylt.de,* Foto*)* gegeneinander an.

MEERKULTUR

Kleine Insel ganz groß

Der Hunger nach Kultur ist groß auf Sylt. Das vielfältige Programm macht auch auf dem Festland von sich reden. Die Topadresse für Lesungen, Open-Air-Events, Ausstellungen, Filmvorführungen und Performances ist der *Kunstraum (www.kunstraum-syltquelle.de),* der im modernen Glaspavillon der *Sylt-Quelle (Hafenstr. 1, www.sylt-quelle.de,* Foto*)* in Rantum zu Hause ist. Jeden Sommer geben sich beim *Meerkabarett (www.meerkabarett.de)* hochkarätige Künstler verschiedener Genres die Ehre, darunter 2Raumwohnung, Joja Wendt oder Tim Fischer.

INSELSOUND

Musik in allen Facetten

Von Rock bis Chillout – die Inselmusiker lassen sich in keine Schublade stecken und spielen, was ihnen gefällt. Ihre Begeisterung steckt an, sodass bei Liveauftritten lokaler Musiker wie der Band *Obvission Young* *(www.obvission-young.de)* die Stimmung mächtig brodelt. Auf der offenen Bühne im *Kolibri (Flughafen Westerland)* können Nachwuchstalente ihr Können beweisen. Termine gibts beim Verein *Sylter Bands (www.sylter-bands.de)*, der auch das alljährliche Festival *Sylter Bands on Stage* organisiert. Insel-Feeling holt man sich mit der CD-Reihe *Kampen Grooves (www.redkliffrecords.de*, Foto*)* direkt nach Hause.

SKULPTUREN

Sylt goes Art

Weiße Plastiksäcke, prall gefüllt und zugenäht, liegen mitten in der Landschaft – nein, die Rede ist nicht von außergewöhnlicher Müllentsorgung, sondern von Kunst. Die modernen Skulpturen der *ART Galerie Scheel (Uasterjen 4, Morsum, www.artopening.de/galerie-sylt)* wollen Aufsehen erregen. Die *Skulpturengalerie (Listlandstr. 12, www.skulpturengalerie-sylt.de*, Foto*)* in List bringt einen Hauch Afrika nach Sylt: Auf zwei Ebenen zeigen die Galeristen moderne Steinskulpturen von jungen Künstlern aus Simbabwe, die öfter auch selbst anwesend sind.

ALGEN, SCHLICK UND CO.

Wellness aus dem Meer

Die Spas auf Sylt kehren zu ihren Wurzeln zurück und setzen bei ihren Anwendungen auf Zutaten aus dem Meer. Nach Meersalz-Peeling und Maske aus Sylter Heilschlick im *Wellness- und Therapiezentrum (Hafenstr. 17, www.therapiezentrum-list.de)* in List fühlt man sich wie neu geboren. Der Hit im *Hotel Rungholt (Kurhausstr. 35, Kampen, www.hotel-rungholt.de)* ist die Ganzkörper-Algenmaske. Im Spa des *Landhauses Stricker (Boy-Nielsen-Str. 10, Tinnum, www.landhaus-stricker.de*, Foto*)* pflegt ein Treatment aus Austernschalenextrakt die Haut.

> BUHNEN UND DÜNEN, REET UND WATT

Wer ist Ekke Nekkepen? Was kostet der Quadratmeter in Kampen? Welche Wurzel ist mehrere Kilometer lang?

BIIKEBRENNEN

Traditionsreiches, im Ursprung heidnisches Friesenfest, das immer am 21. Februar gefeiert wird. Rituelle Wintervertreibung, später die Verabschiedung der Walfänger werden als ursprüngliche Anlässe für dieses wichtigste Fest der Sylter genannt. Das Absingen des Liedes „Üüs Söl'ring Lön" und die friesischen Ansprachen werden von den zu Tausenden anreisenden Gästen zwar nicht verstanden, und der anschließend überall servierte Grünkohl schmeckt sicher auch nicht jedem, doch das scheint der ausgelassenen Stimmung nichts anhaben zu können.

BUHNEN

Alle im rechten Winkel zum Strand in die See hineingebauten Küstenschutzwerke, ob aus Holz, Stein, Beton oder

Bild: Dünen beim Lister Ellenbogen

STICH WORTE

Stahl, werden Buhnen genannt. Seit 1867 wurden mehrere Hundert dieser Querwerke an den Weststrand gesetzt, in der irrigen Annahme, hiermit die parallel zum Ufer verlaufenden Strömungen zu brechen und die Abbrüche so zu reduzieren.

DÜNEN

Fast ein Drittel der rund 100 km² großen Insel besteht aus Dünen, die bis zu 35 m hoch aufgeweht sind. Ihre Substanz, den Strandsand, liefert das Meer. Dieser wird vom Westwind gen Osten getragen. Ursprünglich waren es Wanderdünen, die seit dem 18. Jh. mit Strandhafer, auch als Dünengras bezeichnet, bepflanzt wurden, um eine Zerstörung der Ackerfluren und Siedlungsflächen durch Sandflug zu stoppen. Strandhafer besitzt unter anderem die erstaunliche Fähigkeit, jährliche Übersandungen von bis zu

2 m zu durchwachsen und den Sand damit festzuhalten. Die Wurzeln des Wurzelsystems einer einzigen Pflanze können zusammen viele Kilometer Länge erreichen! Nur im Listland wurde teilweise auf eine Bepflanzung verzichtet; dort befinden sich die einzigen Wanderdünen Deutschlands. Die mächtigste der drei Dünen ist rund 400 m breit und knapp 2 km lang. Bis zu 4 m pro Jahr beträgt die Wanderstrecke der Dünen.

HINDENBURGDAMM

Reichspräsident Paul von Hindenburg kam am 1. Juni 1927 persönlich zur Einweihung des nach ihm benannten, 11,2 km langen Eisenbahndamms zwischen dem Festland und Sylt. In der vier Jahre dauernden Bauphase wurden über 3 Mio. m^3 Sand und Lehm sowie 120 000 t Steine verarbeitet. Die Entwicklung des Sylter Fremdenverkehrs wäre ohne den Eisenbahndamm so nicht denkbar gewesen – doch insbesondere die Hunderttausende Autos, die jährlich via Autozug über den Damm geschleust werden, rufen auf der Insel nicht nur Beifall hervor.

IMMOBILIEN

Die Sylter Haus- und Grundstückspreise erreichen deutschlandweit Spitzenwerte. In Kampener Wattlage muss man mit 10 000 Euro pro m^2 rechnen, für normal Verdienende sind selbst die günstigeren Wohnlagen in Tinnum mit 2500 Euro kaum zu bezahlen. Bei diesen Summen mag man sich über sein teures Zimmer gar nicht mehr ärgern, alles ist eben relativ.

INSELBAHN

Bis 1970 gab es auf Sylt eine Schmalspurbahn, die den Norden mit dem Süden verband. Sie war

Wer mit dem Auto anreist, den bringt der Sylt-Shuttle huckepack über den Hindenburgdamm

Ende des 19. Jhs. im Zuge des aufkommenden Tourismus notwendig geworden. Den Abbau der seinerzeit unrentabel gewordenen Strecken, die heute Radwege sind, bereuen mittlerweile viele. Dass die Inselbahn nicht die schnellste Fortbewegung garantierte, zeigt die Anekdote eines Lokführers, der seinen Freund nach Westerland spazieren sah und ihm einen Platz anbot. Er bekam zur Antwort: „Nee, lass man, heut hab ichs eilig."

KLIFF

Steilufer an einer Abbruchküste. Auf Sylt finden sich insgesamt vier Kliffe: Rotes Kliff zwischen Wenningstedt und Kampen, Morsum-Kliff im Osten der Halbinsel Nösse, Grünes Kliff in Keitum und Weißes Kliff in Braderup, das durch Erosion allerdings kaum noch als solches erkennbar ist.

KLÖNTÜR

Moderner Ausdruck für die wohl ursprünglichste Form der Friesenhaustür. Sie hat in der Mitte auf Brusthöhe eine horizontale Teilung, sodass die obere Hälfte unabhängig von der unteren geöffnet werden kann. Das hatte in früheren Zeiten den Vorteil, Licht und Luft ins Haus lassen zu können, ohne dass die Kleinkinder davonlaufen bzw. das Viehzeug von draußen ins Haus kommen konnte.

MARSCH

Flacher, fruchtbarer Boden am Wattufer. Er ist aus Meeresablagerungen entstanden und meist von Prielen durchzogen. Wenn Marschen nicht eingedeicht werden, können sie sich zu Salzwiesen wie bei Rantum oder am Lister Königshafen entwickeln. Der größte Teil der Sylter Marsch liegt östlich von Keitum und wurde durch den Bau des Nössedeichs 1935 dem Meereseinfluss entzogen.

QUALLEN

Im Sommer, wenn die Wassertemperaturen so richtig zum Baden einladen, können sie vereinzelt, manchmal aber leider auch invasionsartig auftauchen. Und zwar immer dann, wenn durch Ostwind die unteren Wasserschichten an die Oberfläche strömen. Quallen bestehen zwar zu 98 Prozent aus Wasser und sind meist harmlos, aber ein Bad in diesem Glibber ist doch gewöhnungsbedürftig. Nur vor der gelben Haarqualle, auch Feuerqualle genannt, muss man sich in Acht nehmen: Deren lange Tentakel – die sind neben der gelben Farbe (die anderen Quallen sind praktisch farblos) ihr Erkennungsmerkmal – können Verbrennungen hervorrufen.

REET

So nennt man in Norddeutschland das Schilfstroh, das im Winter bei Frost geerntet wird und die ursprüngliche Dachbedeckung der Friesenhäuser ist. Dieses einst kostengünstige Baumaterial wächst u. a. am Sylter Wattufer, aber schon längst nicht mehr in ausreichender Menge. Aufgrund des durch den Bauboom stark gestiegenen Bedarfs wird es importiert. Heute kommt der Baustoff für die Sylter Dächer meist aus Polen oder Ungarn.

Hier wird der Dachdecker zum Friseur: Reetdachhaus in Keitum

RÜM HART, KLAAR KIMING

Dieser friesische Wahlspruch ist besonders häufig auf der gelb-rot-blauen Friesenflagge zu lesen. Die kühne Übersetzung „Harter Rum und klarer Korn“ stammt allerdings aus Touristenkreisen. Die richtige Übersetzung lautet: „Weites Herz, klarer Horizont“, womit angebliche Charaktereigenschaften der Insulaner beschrieben werden.

SAGEN

Die Sagenwelt der Sylter ist voll von kleinen Zwergen, Riesen und „Pucken“ (Kobolden), die in Haus und Hof ihr Unwesen treiben. Sie leben in den Hünengräbern, auf der Heide, aber auch im Haus. Vieles, was den Syltern früher nicht verständlich war, erklärten sie sich durch Sagen. So sind z. B. im alten Inselglauben die Meergötter Ekke Nekkepen und seine Frau Ran für die Sturmfluten verantwortlich.

SANDBÄNKE

Durch Meeresströmungen und die Brandung bilden sich auf dem Grund des Meers lang gestreckte Sanderhebungen, deren Größe und Lage sich ständig verändert. Diese von Seefahrern auch Untiefen genannten Sande fallen bei Ebbe trocken. Bei Flut sind sie hingegen oft nicht zu sehen, was für die Schifffahrt Gefahren birgt. Seehunde und Kegelrobben nutzen die Sandbänke um Sylt als Ruheplätze oder um ihre Jungen zur Welt zu bringen.

SCHWEINSWALE

Die mit 1,80 m Länge kleinsten aller Wale bringen im Mai/Juni vor Sylt und Amrum ihre Kälber zur Welt. Bei Ostwind sind sie manchmal in kaum 50 m Entfernung zum Sylter Weststrand beim Jagen zu beobachten. 1999 wurde vor den Nordfriesischen

Inseln das erste Walschutzgebiet Europas ausgewiesen, in dem etwa 6000 Tiere leben.

STURMFLUT

Vor allem im Winter nagt die Nordsee immer wieder an der Insel. Von einer Sturmflut spricht man bei einer Wasserstandserhöhung um mindestens 1,50 m, verbunden mit stürmischen Winden und dementsprechendem Wellengang. 1923 starben zum letzten Mal Menschen bei einer Sturmflut auf Sylt, 1962 drang das Meer bis zum Westerländer Bahnhof vor, und 1999 spülte der Sturm Anatol über 2 Mio. m^3 Strand, Kliff und Dünen fort.

TETRAPODEN

6 t schwere Betonvierfüßler, die in den Sechzigerjahren vor der Westerländer Promenade und vor Hörnum aufgestapelt und ineinander verkeilt wurden, um dem Angriff der See Paroli zu bieten. Sie konnten die in sie gesetzten Erwartungen nicht erfüllen und verschandeln heute die Strandlandschaft.

WATT

Ein amphibischer Raum zwischen Land und Meer, der bei Flut überspült wird und bei Ebbe ganz oder teilweise trockenfällt. Diese auf den ersten Blick öde wirkende, graubraune Schlickmasse ist ein hoch produktiver Lebensraum, der sich besonders gut auf einer geführten Wattwanderung erkunden lässt. Niemals sollte man als Unkundiger alleine ins Watt gehen – jedes Jahr werden in Nordfriesland mehrere Unvorsichtige von der Flut überrascht und ertrinken!

FUNSPORT UND HARDCORE-BADEN

Höhepunkte sind Biikebrennen, Meerkabarett und Surf World Cup – und natürlich die wöchentlichen Orgelkonzerte in Keitum

Ganzjährig
In der Keitumer St.-Severin-Kirche finden mittwochs um 20.15 Uhr wunderbare ★ *Orgelkonzerte* statt. Neben Kantor Alexander Ivanov bespielen namhafte Künstler aus ganz Europa die große, neue Orgel. *www.st-severin.de*

1. Jan.
Neujahrsbaden in Wenningstedt – Hardcore-Ersatz fürs Katerfrühstück ...

21. Feb.
Zum *Biikebrennen* scheint die Insel Feuer zu speien – jeder Ort versucht, die Biike der Nachbargemeinde an Größe zu übertrumpfen. Erst wenn die Strohpuppe (oder Tonne) ins Feuer gefallen ist, darf man an Abmarsch denken.

März
Jedes Jahr versuchen beim *Syltlauf* bis zu 1300 Läufer, die Insel von Süd nach Nord zu bezwingen. Dabei muss eine Strecke von 33 333 m überwunden werden. Auskunft: *TSV Tinnum 66 | Tel. 325 66*

Juni–August
Praktisch den ganzen Sommer über finden in den Sylter Ostdörfern *Ringreiterveranstaltungen* statt. Fünf Männerclubs und drei Amazonenriegen treten an, um ihre(n) Ringreiterkönig(in) zu ermitteln. Auskunft: *Tel. 33 70*
Das ★ *Meerkabarett* gastiert auf dem Gelände der Sylt-Quelle in Rantum. Künstler wie Ina Müller, Götz Alsmann, Horst Schroth oder Klaus Hoffmann garantieren erstklassiges Entertainment. Auskunft und Tickets: *Tel. 47 11 oder 040/ 47 11 06 44 | www.meerkabarett.de*

Juni–September
An die literarische Tradition des Orts erinnert der *Kampener Literatursommer:* Im Kaamp-Hüs lesen donnerstags bekannte Autoren und Journalisten aus ihren Werken. *www.kampen.de*
Der *Insel Circus* lädt jeden Abend um 18 Uhr zu Vorstellungen mit internationalen Künstlern der Jugend- und Kinderzirkusszene. Auskunft: *Tel. 44 70 |* Tickets: *Tel. 29 94 99 | www.inselcircus.de*

Aktuelle Events weltweit auf www.marcopolo.de/events

> EVENTS FESTE & MEHR

Juni/Juli
Vor Westerland wird hochklassig gesurft: Dem *Kitesurf Worldcup* Mitte Juni folgt einen Monat später der *Deutsche Windsurfing-Cup*.

Ende Juni–August
Neben Ausstellungen finden in der Rantumer Sylt-Quelle jeden Mittwoch um 20/21 Uhr spannende Vorlesungen unter dem Titel *Wissenschaftssommer* in Zusammenarbeit mit der Hamburger Universität statt. Auskunft: *Tel. 920 33*

Insider Tipp

Ende Juli/Anfang August
Bei den ▶▶ *German Polo Masters* in Keitum liefert sich die internationale Elite der Polospieler mit über 100 Vollblutpferden Matches der Spitzenklasse. Auskunft und Karten: *Tel. 040/835 66 20* | *www.polosylt.de*

August
Action zu Land und zu Wasser beim dreitägigen Hörnumer *Hafenfest* Anfang des Monats.

Beim ▶▶ *Flens-Final-Race* am Brandenburger Strand von Westerland treten die Champions der Flens-Super-Sail-Tour auf ihren Hobies gegeneinander an. Auskunft: *Tel. 228 43* | *www.prosail.de*

September/Oktober
▶▶ *Surf World Cup* in Westerland, eines der größten Funsportevents Europas. Die begleitenden Partys lassen den Cup eine Woche lang auch für amüsierwillige Nichtsurfer zum Erlebnis werden. *www.worldcupsylt.de*

26. Dez.
Beim *Weihnachtsbaden* steigen rund 100 Wagemutige unter Applaus ins kalte Meer. Ein Riesenspaß für Zuschauer und Teilnehmer gleichermaßen.

27. Dez.–1. Jan.
Die längste Party der Insel, die ▶▶ *Kliffmeile*, findet zum Jahreswechsel in Wenningstedt statt.
Westerland bittet am 31. zur *Open-Air-Silvesterparty*.

> STERNEKÜCHE UND FISCHBUDEN

Der „kulinarische Nebel", den Küchenpapst Wolfram Siebeck der Insel einst attestierte, hat sich längst gelichtet

> Die Insel ist mit fünf Michelinsternen ein kleines Sterneparadies. Dazu trägt an erster Stelle Johannes King bei, der zum wiederholten Male für sein Restaurant im Rantumer Söl'ring Hof gleich zwei Sterne verliehen bekam.

Nicht weniger beeindruckend ist die Leistung von Jörg Müller in Westerland, der seinen Stern schon seit mehr als 20 Jahren verteidigt! Holger Bodendorf holte die begehrte Trophäe für sein Bodendorf's im Landhaus Stricker nach Tinnum, und im Munkmarscher Fährhaus wird diese Auszeichnung von Alexandro Pape verteidigt.

Die meisten Sylter Gäste kennen aber wohl eher die anderen rund 300 gastronomischen Betriebe, die alle Diätabsichten zunichte machen. Auf Sylt steigt aus vielerlei Gründen der Appetit, und zahllose Gäste müssen die Heimreise mit mehr Pfunden als geplant antreten. Zu den Verführern

ESSEN & TRINKEN

gehören die Imbissbuden des Fischkönigs Jürgen Gosch ebenso wie die immer zahlreicher werdenden Strandhütten und die vielen gutbürgerlichen Restaurants, von denen jeder Ort mehrere zu bieten hat.

Das große Angebot verhindert leider nicht regelmäßige Engpässe im Sommer zur Hochsaison. Voranmeldung ist bei den guten Restaurants nicht nur ratsam, sondern notwendig. Trotzdem hält sich die üble Sitte des Schichtessens: Hat man das Glück, einen Tisch um 18.30 Uhr zu ergattern, wird man gleich darauf hingewiesen, um spätestens 20 Uhr müsse man aber fertig sein. Doch auch diese Reservierung gilt nur bis 21.30 Uhr, danach speist in vielen Lokalen dann noch die dritte Schicht. Die Gastronomen begründen diese Form der organisierten Ungemütlichkeit mit den geringen Einnahmen im Winter. Denn aufgrund schwacher Gästezahlen in der Nebensaison müssen sich viele Gastronomiebetriebe in eine lange Winterpause schicken.

Meeresgetier ist überall der große Renner – man urlaubt ja schließlich mitten im Meer –, doch natürlich ist es eine Illusion zu glauben, Sylter Fischer würden den Frischfisch in List oder Hörnum anlanden. Nur wenige Hobbyangler bescheren einigen vereinzelten Restaurants echten Sylter Fisch. Ein Produkt, das mit 100-prozentiger Sicherheit von der Insel stammt, ist dagegen die Auster Sylter Royal, und auch Schollen und Krabben kommen zum großen Teil aus der

> SPEZIALITÄTEN

Genießen Sie die typisch nordfriesische Küche!

Eisbrecher – heißer Rotwein mit Rum, bricht nicht nur Eis!

Friesenkeks – zartes Buttergebäck, dessen Erfindung allerdings nicht auf einen Sylter, sondern auf Otto Wiedermann aus Weimar zurückgeht, der 1896 in Westerland das Wiener Café gründete

Friesentorte – Die macht satt! Zwei Blätterteigböden, dazwischen Pflaumenmus und Schlagsahne

Grünkohl – Krauskohl, der nach dem ersten Frost geerntet und mit Speck, Kassler, Kohlwurst oder Schweinebacke gekocht wird. Dazu gibts Bratkartoffeln (manchmal auch leicht karamellisiert). Das traditionelle Essen zur Biike im Februar

Pharisäer – Kaffee mit einem Schuss Rum und Sahnehaube. Der Namensgeber war angeblich ein Halligpastor, der seinen Schäfchen Alkohol verboten hatte, doch als der bei einem Kaffeekränzchen versehentlich die Tasse seines Nachbarn erwischte, wurde ihm klar, warum alle so ausgelassener Stimmung waren. „Ihr Pharisäer!", soll er erbost gerufen haben

Rote Grütze – Kompott aus roten Beeren mit Sahne (geschlagen oder flüssig) oder Milch

Sylter Royal – nordpazifische Auster („crassostra gigas"), die seit 1986 in der Blidselbucht bei List gezüchtet wird. Puristen genießen die Auster roh und allenfalls mit etwas Zitrone, Gourmets probieren sie gebacken, gegrillt, paniert oder geräuchert (Foto)

Sylter Welle – ein anderer Name für Glühwein

Sylt-Quelle – Sylter Mineralwasser, das südlich von Rantum aus 100 m Tiefe gewonnen wird

Teepunsch – dünner Tee (er soll dem Getränk die Farbe geben), der mit geelem Köm (Kümmelkorn) versetzt und in kleinen Tassen serviert wird

Tote Tante – heißer Kakao mit einem Schuss Rum und Sahnehaube

Die Friesentorte schmeckt immer, der Pharisäer ist eher etwas für kalte Tage

Region. Die Nordseegarnele kommt in der Krabbensuppe, auf dem Krabbenbrötchen, als Beilage zur Scholle oder als Krabbenbrot (mit Spiegelei) auf den Tisch. Von September bis April wird außerdem im Wattenmeer die Miesmuschel geerntet. Am besten schmeckt sie in Gemüse- oder in Weißweinsud, den man mit Brot „aufstippt". Beliebt sind auch Matjesheringe. Im Mai und Juni werden die jungen Fische gefangen und sofort für ca. fünf Tage in einer Tonne mit Meersalz eingelagert. Meist werden sie mit Pellkartoffeln und grünen Bohnen serviert.

Viele Restaurants haben sich auf die norddeutsche Küche spezialisiert: Deichlamm, Wildente und Angeldorsch oder zum Nachtisch rote Grütze finden sich auf zahlreichen Speisekarten. Das Ambiente ist entsprechend: gemütliche Stuben mit Fliesenwänden, maritimes Dekor und blank geputztes Messing, wohin man schaut.

Wer möchte, kann den ganzen Tag über schlemmen. Freiluft-Frühstück mit schönen Ausblicken bieten z. B. die Kupferkanne in Kampen, Niel-sen's Kaffegarten in Keitum, das Fährhaus in Munkmarsch und das Café Luzifer direkt an der Westerländer Promenade. Das Spiel „Schlemmen und Schauen" funktioniert vortrefflich in der Friedrichstraße, wo sich Straßencafés, Bistros, Imbisse und Fisch-Fast-Food-Locations aneinanderreihen.

Etwas nobler, aber im Prinzip ähnlich geht es im Kampener Strönwai zu. Hier korrespondiert das Leben auf den Terrassen im Sommer allerdings stark mit dem Strandleben: ab 12 Uhr ein kleines Frühstück, gegen 16 oder 17 Uhr dann ein Gläschen Champagner, bevor man sich für den abendlichen Auftritt noch einmal zurückzieht.

Eine sylt-typische Besonderheit stellen die „Holzbuden" in den Dünen dar, die in rustikalem, strandnahem Ambiente ein recht großes kulinarisches Spektrum abdecken: von der Weststrandhalle in List über das Wonnemeyer und das Strand Bistro in Wenningstedt, das Badezeit in Westerland und die Oase südlich von Westerland bis zur Strandmuschel (Insider Tipp) in Rantum und zu Tadjem Deel, Seepferdchen und Sansibar zwischen Rantum und Hörnum.

Das Restaurantangebot auf Sylt ist jedenfalls so vielfältig, dass für jeden das Passende dabei ist. Wer sich schon vorab informieren möchte, kann auf einige einschlägige Publikationen zurückgreifen, die jedes Jahr aktualisiert werden und im Sylter Buch- und Zeitschriftenhandel erhältlich sind.

SHOPPEN BEI JEDEM WETTER

Vom Biobrot bis zum Strandkorb: Die schönsten Mitbringsel sind die, die wirklich von der Insel kommen

> Einkaufen macht richtig Spaß auf Sylt: Viele nette Fußgängerzonen laden zum Bummeln ein, und in den zahlreichen Cafés und Bistros kann man zwischendrin gut eine Pause einlegen. Die Geschäfte haben sich alle auf Urlauber eingestellt, denn die wenigen Einheimischen würden ihr Überleben kaum sichern. Deshalb darf man sich auch nicht über die zahllosen Juweliergeschäfte wundern, Teppichläden, Galerien, Boutiquen und Einrichtungsgeschäfte, besonders in Kampen, Keitum und natürlich Westerland. Der Urlaub ist die ideale Zeit für besondere Einkäufe – ohne Terminstress und im Beisein des Partners bringt der Einkauf gleich doppelt so viel Spaß.

LEBENSMITTEL & DELIKATESSEN

Viele Gäste sind auf der Suche nach einer Urlaubserinnerung, die einen tatsächlichen Bezug zur Insel hat. Ungezählte Produkte schmücken sich zwar mit dem Namen „Sylt", haben aber in Wirklichkeit mit Sylt nicht das Geringste zu tun. So gibt es mittlerweile eine Interessengemeinschaft, deren Ziel die Schaffung eines Sylter Qualitätssiegels ist. Echte Sylter Produkte sind meistens zum Verzehr gedacht und eignen sich daher nur bedingt zum Mitnehmen. Dafür sind sie aber richtig lecker wie etwa die Milch in der blauen Tüte von Bauer Nielsen aus Morsum, die Sie in vielen Supermärkten bekommen. Biobrot, das vom Samen bis zum Endprodukt auf Sylt entsteht, bekommen Sie im Körnerladen in Braderup, geräucherten Lammschinken und Lammsalami im Keitumer Gänsehof und Käse von Sylter Ziegen im Friesischen Käselädchen in Keitum. Natürlich gehören in diese Aufzählung auch die Auster Sylter Royal, die in der Austern-Compagnie in List geerntet und deutschlandweit versendet wird, sowie seit Neuestem die Rot- und Braunalgen, die nebenan in der Sylter Algenfarm zum Verzehr gezüchtet werden. Ab 2012 soll es sogar Sylter Wein geben: 2009 pflanzte ein Rheingauer Winzer bei Keitum die ersten Rebstöcke.

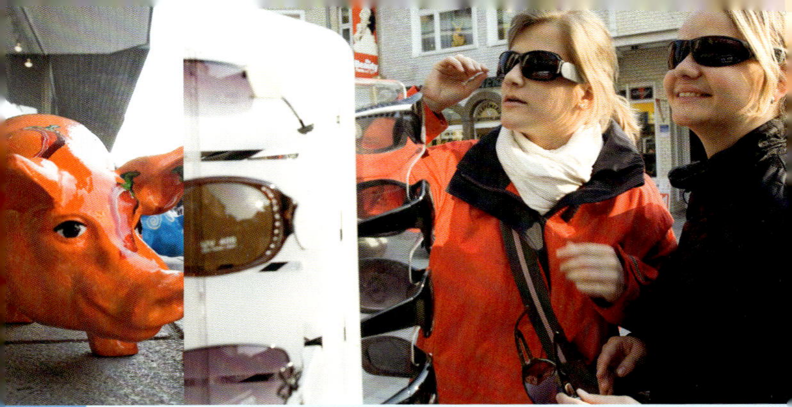

> EINKAUFEN

MÖBEL & ACCESSOIRES

Wem das alles zu popelig ist, der nimmt sich am besten einen handgearbeiteten Strandkorb von Sylt mit. Und wessen Terrasse dafür zu klein ist, der kann sich in vielen Tischlereien immerhin maßgeschneiderte Friesenbänke und -tische anfertigen lassen. Schließlich: Aufgrund der vielen Apartments und Zweitwohnungen, die eingerichtet werden wollen, haben sich auf Sylt auch viele Geschäfte niedergelassen, die sich der Wohnkultur im weitesten Sinne verschrieben haben.

SCHMUCK & KUNSTHANDWERK

In Kampen haben sich überdurchschnittlich viele Juweliere niedergelassen, dazu gehört z. B. das Atelier der Goldschmiedin Susanna Dünne. Auch gibt es hier eine ganze Reihe von Nobelboutiquen. In Keitum liegen die Läden und Ateliers oft versteckt in kleinen Seitenstraßen unter historischen Dächern. Zwar finden sich auch hier zunehmend Bekleidungsgeschäfte, doch gilt es immer noch als das Dorf der Kunsthandwerker, deren Arbeiten allesamt von sehr hohem Niveau sind.

SYLTSOUVENIRS

Andere Produkte können Sie dafür auf Vorrat kaufen – als erste Hilfe, falls Sie das Inselheimweh überfällt: beispielsweise das Mineralwasser der Sylt-Quelle aus Rantum oder die „Echt Sylter Brisen-Klömbjes", ein spezieller Bonbon, den es gleich in mehreren Geschmacksrichtungen gibt *(www.sylter-brisen.de)*. Dann locken noch die Sylter Teemischungen, beispielsweise im Westerländer Teehaus Ernst Janssen. Seit 300 Jahren hat das Teetrinken auf Sylt Tradition. Schönheitsprodukte gibt es von der Firma Sypharm, die mit der schadstofffreien Sole der Sylt-Quelle die Kosmetikreihe Thermasol produziert *(www.sylter-thermasol.de)*. Und nicht vergessen seien die Erzeugnisse des Sylter Eiland-Verlags. Den „Großen Sylt Kalender" mit Aufnahmen des Fotografen Hans Jessel muss man sich allerdings zeitig sichern, er ist zum Ende des Jahres meist schon vergriffen.

> VON ARCHSUM BIS WESTERLAND

Stille Friesendörfer und Ländlichkeit am Watt, lebhafte und familiäre Badeorte an der Strandseite

ARCHSUM

[110 B3–4] **Archsum, das kleinste Dorf der Insel (300 Ew.), findet man im ruhigen Osten von Sylt, auf dem Weg von Keitum nach Morsum.** Größe und Bekanntheitsgrad scheinen hier miteinander zu korrespondieren – so viele auch mit dem Namen Sylt etwas anfangen können, der Name Archsum ist kaum jemandem geläufig. Die daraus resultierende Ruhe ist ein Geschenk. Verstreute alte Höfe (man lebte bis in die Siebzigerjahre noch von der Landwirtschaft) liegen in einer einzigartigen Wiesenlandschaft, die bis zum Bau des Nössedeichs in den Dreißigerjahren bei Sturm regelmäßig unter Wasser gesetzt wurde. Die zahlreichen einstigen Priele durchziehen heute noch die Landschaft. Im Sommer sind sie Anglerparadies (Informationen erteilt das Touristbüro), im Winter trifft man hier die Sylter

Insider Tipp

Bild: Strand am Roten Kliff in Wenningstedt

DIE ORTE

Schlittschuhläufer. Der Ort ist – wie alle „um"-Orte in dieser Region – eine Gründung von Friesen, die ca. 800 n. Chr. einwanderten.

Da der Fremdenverkehr die östlichen Inseldörfer erst in den letzten Jahren erreichte, hat sich in Archsum noch viel friesisches Brauchtum erhalten wie die vom Aussterben bedrohte Sprache der Sylter, das Söl'ring, das man hier noch am ehesten hören kann. Zum Beispiel wenn am zweiten Samstag im August die Archsumer ihr Dorffest feiern (Mussprogramm eines jeden Einheimischen) oder immer zu Pfingsten das traditionelle Ringreiten veranstalten. Dafür werden auf der Festwiese zwei Pfosten aufgestellt, zwischen denen in ca. 3 m Höhe ein Band gespannt ist, an dem in der Mitte ein Messingring hängt. Diejenigen, die Ringreiterkönig (oder -königin) werden möchten, versuchen, den Ring mit

Insider Tipp

einer langen Lanze zu „stechen", während ihr Pferd in vollem Galopp die Pfosten passiert. Das ist gar nicht so einfach, zumal sich die männlichen Teilnehmer vorher gerne Mut zuprosten.

SEHENSWERTES

HÜNENGRÄBER

Wer bei Archsum am Deich entlangspaziert, wird bei Ebbe am Deichfuß große Findlinge im Watt liegen sehen, die bei jeder Flut „untertauchen". Dies sind einstige Hünengräber. Ein schöner Beleg dafür, dass weite Siedlungsflächen längst vom Meer verschlungen wurden, denn als die Gräber vor rund 5000 Jahren gebaut wurden, lag der Meeresspiegel noch 10 m tiefer.

ESSEN & TRINKEN

ALTE SCHULE

Gutbürgerliche norddeutsche Küche. Hier bekommen Sie noch so traditionelle norddeutsche Gerichte wie Fliederbeersuppe oder Birnen, Bohnen und Speck. *Di geschl. | Dorfstr. 6 | Tel. 89 15 08* | €–€€

ÜBERNACHTEN

CHRISTIAN VIII PARKRESIDENZ

Der königliche Name ist hier auch Programm: luxuriöse Romantik mit Schwimmbad, Sauna und einer Liegewiese mit Strandkörben. *22 Suiten | Heleeker 1 | Tel. 970 70 | Fax 97 07 77 | www.christianvIII.de* | €€€

AUSKUNFT

TOURISMUS-SERVICE ARCHSUM

Dorfstr. 6 | 25980 Archsum | Tel. 835 85 78 | Tel. 835 85 77 | www.archsum.de

Ein Blütenmeer: Braderuper Heide

BRADERUP

[106 B–C6] **1540 wird die an der Ostküste der Insel liegende Siedlung, vermutlich eine dänische Gründung, erstmals erwähnt.** Seit 1927 bildet sie mit Wenningstedt ein „Doppelpack". Dabei ist Braderup heute die vornehme Adresse dieser Gemeinde. Gepflegte Reetdachanwesen am Watt liegen preislich nicht weit unter dem Kampener Niveau – auf 120 Einwohner kommen 180 (gemeldete) Zweitwohnungsbesitzer.

Das Dorf ist eingebettet in eine stille Weide- und geschützte Heidelandschaft, ideal für Urlauber die gerne wandern, radeln und Ruhe su-

> www.marcopolo.de/sylt

chen. In Braderup gibt es noch Landwirtschaft, z. B. den *Biohof Dethlefs*, der nach ökologischen Kriterien bewirtschaftet wird und seine frischen Produkte über den Körnerladen vertreibt.

SEHENSWERTES

NATURSCHUTZGEBIET UND NATURZENTRUM BRADERUPER HEIDE ★

Das rund 140 ha große Gelände am nördlichen Rand des Orts ist von Fußwegen durchzogen und stellt so eine herrliche Wanderalternative zum Strand dar. Es ist ein einzigartiger Lebensraum von bis zu 2500 (Klein-) Tier- und Pflanzenarten; von Letzteren stehen ca. 45 Prozent auf der Roten Liste der bedrohten Arten. Betreuender Verein, der auch Führungen anbietet, ist die Naturschutzgemeinschaft Sylt e. V., der älteste Naturschutzverein Schleswig-Holsteins. Er hat seinen Sitz im *Naturzentrum (April–Okt. Mo–Sa 10–18 Uhr | M.-T.-Buchholz-Stich 10 a | Tel. 444 21 | www.naturschutz-sylt.de)*, wo sehenswerte naturkundliche Ausstellungen, ein Gesteins- und ein Kräutergarten (Insider Tipp) zu besichtigen sind.

ESSEN & TRINKEN

LANDGASTHOF WEISSES KLIFF

Traditionelles Haus mit guter gutbürgerlicher Küche. *Mi geschl. | M.-T.-Buchholz-Stich 9 | Tel. 430 08* | €€

EINKAUFEN

KÖRNERLADEN (Insider Tipp)

Frisches Obst und Gemüse, selbst gebackenes Brot, Milchprodukte, aber auch Schafsmilchseife und Ähnliches – alles aus der Region und ökologisch korrekt. Auch eine kleine Caféterrasse *(So geschl.). M.-T.-Buchholz-Stich 8 | www.koernerladen.de*

LEDER- UND MODEWERKSTATT

Gewandmeisterin Margrit Werner-Book schneidert Unikate aus feinem Leder. *M.-T.-Buchholz-Stich 1*

MANUFAKTUR

Rustikale, handgefertigte Ledersachen in gemütlichem Ambiente. *M.-T.-Buchholz-Stich 9*

ÜBERNACHTEN

ENKELMANN

In Braderup gibt es viele schöne Wohnungen zu mieten. Die größte Auswahl bietet Enkelmann. *Tel. 93 50 47 | Fax 93 50 49 | www.sylt-appartements.de* | €€–€€€

WEISSES KLIFF

Hotel in historischem Gebäude, von einem weit gereisten Kapitän erbaut. *6 Zi. | M.-T.-Buchholz-Stich 9 | Tel. 430 08 | Fax 44 64 03 | www.weisses-kliff.de* | €

AUSKUNFT

TOURISMUS-SERVICE WENNINGSTEDT-BRADERUP

Osetal 5 (am Campingplatz) | 25996 Wenningstedt | Tel. 44 70 | Fax 447 40 | www.wenningstedt.de

HÖRNUM

[113 E4–5] **Das Schönste an der südlichsten Sylter Gemeinde (1000 Ew.) ist die Natur drumherum.** Düneneinsamkeit und kilometerlanger Strand an der Westseite als auch am Wattenmeer suchen ihresgleichen. Da sieht man dem kleinen Ort seinen eigenwilligen „Charme", den er seiner Militärgeschichte verdankt, schon mal nach. Hier wird Familienfreundlichkeit großgeschrieben. Man findet im Ort einen gut sortierten Lebensmittelmarkt, ein nettes Café nebst Bäckerei, ausreichend Restaurants und kleine Souvenirläden. Mittelpunkt des Orts ist der quirlige Hafen, von dem die Ausflugsschiffe zu den Nachbarinseln und zu den Halligen starten. Seit ein paar Jahren hat das Hafenbecken im Sommer eine neue Attraktion: Willi, eine vorwitzige Kegelrobbe, ist der mühevollen Jagd nach Frischfisch offenbar überdrüssig geworden und lässt sich mit Matjes und Krabben füttern.

Vormals war Hörnumnicht viel mehr als ein saisonales Seeräubernest. Hörnums Entwicklung begann mit den Ausflugsschiffen der Hapag. Die Reederei kaufte 1901 einen Teil des Inselsüdens, baute Anlegebrücke und Gasthaus und entließ hier die von Hamburg im Fährschiff ankommenden Badegäste. Die Inselbahn nach Westerland sorgte dafür, dass die Gäste umgehend wieder verschwanden, sodass es dem Militär vorbehalten war, Entwicklungshilfe zu leisten. Das geschah im Zuge der Aufrüstung zum Ersten Weltkrieg genauso wie im Dritten Reich, als Hörnum Seefliegerhorst wurde. Die großen Gebäude am Ortseingang, ehemalige Kasernen, die heute als Ferienheime und Jugendherberge genutzt werden, sind baulicher Rest dieser Geschichte.

Doch in Hörnum tut sich einiges – in wenigen Jahren wird man die Ortschaft, die bisher von den anderen Sylter Gemeinden wegen ihrer schwachen touristischen Infrastruktur nur mitleidig belächelt wurde, nicht mehr wiedererkennen. 2007 hat man zunächst die Promenade an der Wattseite neu gestaltet, und nach dem Abriss der meisten Militärgebäude wurde 2008 auf 73 ha der Golfplatz Budersand geschaffen. Das zugehörige Luxushotel öffnete im Juni 2009 seine Pforten. Anfang 2009 wurde zudem

> WOHIN TREIBT DIE INSEL?

Seit 2006 sucht der Bauboom die Insel heim

Die Keitum-Therme (derzeit Bauruine) und das nicht realisierte Wenningsteder Kurzentrum (Fläche derzeit in der Neuplanung), Neubauten wie das einer Reihenhaussiedlung ähnelnde Dorfhotel direkt am Naturschutzgebiet in Rantum oder das in die Lister Ortsmitte implantierte Arosa-Hotel: Symbole kommunal- und landespolitischer Unfähigkeit wie auch bedenkenloser Profitgier; dazu in der Hochsaison 100 000 Urlauber täglich, Stop-and-go-Verkehr allerorten und bis zu 30 Starts und Landungen von Düsenjets täglich. Die Insel ist dabei, genau das Kapital zu verspielen, dessentwegen ihre Gäste eigentlich kommen: ihre Natur, ihre Ruhe und ihr hochwertiges touristisches Angebot. 45 Prozent Sylts sind Schutzgebiete, doch weitere von der Mehrheit der Sylter nicht gewollte Projekte sind in Planung – die Zukunft wird zeigen, wie viel diese Inseln auf der Insel noch wert sind, wenn es rundherum noch mehr stinkt und lärmt.

an der Stelle des alten Kurhauses ein ansprechend gestalteter Ferienwohnungskomplex von Hapimag eingeweiht. Außerdem entstanden am Ortseingang hübsche Häuschen mit Eigentumswohnungen nur für Sylter

Hörnums Strand zieht sich bis hinunter zur Inselspitze, der Hörnum-Odde

Bürger. Und es wird weiter an der Modernisierung des Orts gearbeitet.

SEHENSWERTES

HÖRNUM-ODDE ★

Das südliche Inselende sollte jeder einmal umwandern. Dauerte die Umrundung früher noch 3,5 Stunden, schafft man es heute in weniger als der Hälfte der Zeit, so viel Strand ist durch Sturmfluten schon fortgespült worden. Führungen mit der *Schutzstation Wattenmeer* sind sehr informativ. Schönstes Bauwerk ist der 1907 errichtete *Leuchtturm (Führungen Mo, Mi, Do 9.30, 10.30, 11.30 Uhr | Mindestalter 8 Jahre | Karten (4,20 Euro) beim Tourismus-Service)*, den man – weltweit bislang einmalig – auch virtuell besteigen kann: *www.hoernum.de*

SCHUTZSTATION WATTENMEER

Insider Tipp

Sehenswertes Naturinformationszentrum in der einstigen Schulbaracke und späteren Kirche von Hörnum. *In der Saison tgl. 10–12 und 14–18 Uhr | erbetene Spende 1,50 Euro | Rantumer Str. 27 | Tel. 88 10 93 | www.schutzstation-wattenmeer.de*

ESSEN & TRINKEN

FISCH-MATTHIESEN

Für den schnellen Hunger: die Hörnumer Antwort auf Sylts Fischmogul Gosch. *Tgl. | Rantumer Str. 8 | Tel. 88 17 73 | €*

>LOW BUDGET

- Günstig wohnen können Sie in den *Jugendherbergen* in Hörnum *(Friesenplatz 2 | Tel. 88 02 94)* und List *(Mövenbergstr. | Tel. 87 03 97)*. Sie sind in ehemaligen Kasernen untergebracht – die aber liegen sehr schön, nah am Meer. www.djh-nordmark.de
- Die *Kleine Küchenkate (im Winter Sa geschl. | Am Kliff/Hoyerstig | Tel. 33387 | www.sylt-keitum.de)* in Keitum serviert Salate, Suppen und mehr – gut, günstig und alles auch zum Mitnehmen.
- Wer für den Bus eine Tageskarte erwirbt, bekommt 50 Prozent Rabatt auf eine Kurzreise mit einem Schiff der Adler-Reederei. www.svg-sylt.de, www.adler-schiffe.de
- Fischliebhaber werden günstig satt in den fünf *Blum-Bistros (www.blums-shop.de)*, z. B. in Westerland *(tgl. | Neue Str. 4)* oder Wenningstedt *(tgl. | Westerlandstr. 8)*.
- „5 unter 5 bis 5" = fünf (schmackhafte!) Gerichte unter 5 Euro bis 17 Uhr: Das gibts nur bei *Luzifer (tgl. | Promenade/Musikmuschel | Tel. 92 77 22 | www.luzifer-sylt.de)* in Westerland.
- Von Mai bis Mitte Oktober fahren Inhaber einer Gästekarte kostenlos mit der Kutsche durch Keitum *(Mi und So 11, 12, 13, 14 Uhr | Parkplatz Ortseingang aus Richtung Tinnum)*.
- Die Maut für den Lister Ellenbogen kann man oft sparen, wenn man früh (vor 9 oder 10 Uhr) kommt: Dann ist das Kassenhäuschen meist noch nicht besetzt.
- Mit dem *Familien-Ferien-Pass (ab 92 Euro)* der Sylter Welle in Verbindung mit der Gästekarte können Familien das Freizeitbad unbegrenzt nutzen.

CAFÉ LUND
Das Café im Süden der Insel. Mit Restaurant *(€€). Tgl. | Rantumer Str. 1 | Tel. 88 17 73 | €*

ROSTIGER ANKER
Älteste Gaststätte Hörnums, gutbürgerliche Küche. Karla und Gisbert Krüger sind echte Gastgeber. *Jan. bis Pfingsten Di geschl. | Blankes Tälchen 8 | Tel. 88 10 50 | €–€€*

STRÖNHOLT
Das Restaurant zum Hotel zum Golfplatz. Vom Frühstück über die Kaffeetafel bis zur erstklassigen, regional inspirierten Bistroküche ein Genuss – bei bester Aussicht von jedem Platz. *Tgl. | Fernsicht 1 | Tel. 449 27 27 | www.stroenholt.de | €€€*

ÜBERNACHTEN

APARTMENTS
Erkundigen Sie sich z. B. bei dem Vermieter *Schuster (Tel. 88 10 01 | www.schuster-appartements-hoernum.de | €–€€)*.

HOTEL AM LEUCHTTURM
Das nette, familiär geführte Haus wurde 2004 renoviert und besitzt auch ein kleines Schwimmbad. *24 Apartments, 3 Zi. | An der Düne 38 | Tel. 961 00 | Fax 88 10 80 | www.hotel-leuchtturm.com | €*

BUDERSAND ★
Das Hotel zum Golfplatz, ausgesprochen schön und einfühlsam zwischen Greens und Brandung gebaut. Alle Zimmer mit Balkon oder Terrasse und zum Teil mit gigantischem Blick auf die Nordsee. Über 1000 m² umfasst der Spabereich. *56 Zi., 23 Suiten | Am*

Kai 3 | Tel. 460 70 | Fax 460 71 50 | www.budersand.de | €€€

FREIZEIT & SPORT

FAHRRADVERLEIH

Claßen (Budersandstr. 27 | Tel. 88 03 54); Matthiesen (Rantumer Str. 25 | Tel. 88 10 48); Leksus (Rantumer Str. 2 | Tel. 83 50 00)

STRÄNDE

Über 7 km feiner Sandstrand; südlich der Haupttreppe finden sich die FKK-Strände, ein Stück Richtung Norden kommt man zum Hundestrand.

STRANDSAUNA

Nach dem Schwitzen ab in die offene Nordsee! *Ostern und Mai–Okt. tgl. 12–19 Uhr | 15 Euro | am Weststrand (FKK-Strand)*

WELLNESS

Das großzügige Badehaus des neuen Hapimag-Resorts steht jedermann offen: Schwimmbad, Wellnessbereich mit Saunen, Hamam, Innen- und Außenpool. Wer nach dem Besuch Hunger verspürt, kann diesen gesundheitsbewusst im Restaurant *Biike (Tel. 460 81 85 | €€)* stillen. *Tgl. 8–21 Uhr | Schwimmbad 8 Euro, Wellnessbereich 22 Euro | Rantumer Str.*

AUSKUNFT

TOURISMUS-SERVICE HÖRNUM

Rantumer Str. 20 | 25997 Hörnum | Tel. 962 60 | Fax 96 26 66 | www.hoernum.de

ZIELE IN DER UMGEBUNG

Wer genügend Zeit hat, sollte unbedingt eine Schiffstour (in der Saison täglich) auf eine der beiden großen Nachbarinseln Föhr und Amrum oder auf die Halligen unternehmen. Die Aufenthaltsdauer auf den Inseln reicht je nach Tour und Wochentag von eineinhalb bis sechs Stunden. Neuerdings wird auch Pellworm angefahren. Auskunft und Fahrkarten bei *Adler-Schiffe (Boysenstr. 13 | Westerland | Tel. 987 00)* oder am *Fahrkartenschalter Hafen Hörnum (Tel. 88 12 97 | www.adler-schiffe.de)*.

Im Hörnumer Hafen wird manchmal frisch vom Kutter verkauft

AMRUM [0]

Wittdün ist Haupt- und Hafenort. Hier sollten Sie keine Zeit vergeuden, sondern gleich in einen der bereitstehenden Busse steigen, die Sie nach

Norddorf und Nebel bringen. Das etwa 30 km² große Amrumeignet sich wunderbar für eine Inseltour per Rad (mitnehmen oder im Ort zu mieten). Auf netten und gut ausgeschilderten Fahrradwegen kommen Sie über Steenodde nach *Nebel.* Dieser entzückende Ort ist ein wenig die Kleinausgabe von Keitum. Vor der *St.-Clemens-Kirche* stehen beeindruckende Kapitänsgrabsteine, in der alten Mühle befindet sich das *Heimatmuseum,* und das *Öömrang Hüs* zeigt friesische Wohnkultur.

Knapp 4 km weiter liegt das gemütliche *Norddorf* mit einer freundlichen Einkaufsstraße. Der an manchen Stellen fast 1500 m breite Weststrand *Kniepsand* hat hier Normalmaß: nur wenige Schritte, und Sie sind am Meer. Der Rückweg durch den westlichen Waldgürtel führt am 66 m hohen *Leuchtturm* vorbei *(Mai–Okt. Mo–Fr 8.30–12.30 Uhr).* Nach knapp 20 km sind Sie wieder in Wittdün.

Auskunft: *Amrum Touristik | Tel. 04682/940 30| Fax 94 03 20 | www.amrum.de*

FÖHR **[O]**

Da Föhr mit 82 km² mehr als doppelt so groß wie Amrum ist, muss man sich beschränken. Das fällt insofern leicht, als *Wyk* – Hauptort und Hafen – ein freundliches Städtchen ist. Auch hier geht alles gemütlicher als auf Sylt zu. Die Fußgängerzone und die Promenade liegen gleich gegenüber vom Anleger. Sie sind gesäumt von netten Cafés und Restaurants. Wer hier einen Platz ergattert, kann schlemmen und schauen, denn das Wyker Strandleben findet gleich vor der Tür statt. Wer sich ein wenig für (Heimat-)Geschichte interessiert, muss unbedingt einen Blick ins *Dr.-Carl-Häberlin-Friesenmuseum (Mitte März–Okt. Di bis So 10–17, Juli/Aug. auch Mo, Nov.–Feb. Di–So 14–17 Uhr | Rebbelstieg 34)* werfen. Oder Sie besuchen das 2009 eröffnete *Museum*

Die Kirchwarft auf Hallig Hooge, der „Königin der Halligen"

Kunst der Westküste (März–Sept. Di–So 10–17, Do bis 20 Uhr, Okt. bis Mitte Jan. Di–So 12–17 Uhr | 6 Euro | Hauptstr. 1 12 Busminuten vom Wyker Hafen | www.mkdw.de) in Alkersum mit einer beeindruckenden Sammlung nordeuropäischer Malerei von 1830 bis 1930 zum Thema Meer und Küste.

Wer Trubel liebt, sollte sonntags nach Föhrfahren, dann ist am Hafen Fischmarkt. Wer die Beschaulichkeit vorzieht, mag die Insel erkunden: Sie ist nach wie vor ländlich geprägt. *Nieblum,* 6 km westlich von Wyk, ist mit seinen vielen alten Häusern und dem „Friesendom" *St. Johannis* aus dem 13. Jh. wohl das schönste der 16 Inseldörfer. Wer bis nach *Utersum, Oldsum* oder *Süderende* fährt, fühlt sich wie am Weltende. Hier im Westen fehlen Dünen oder große Strände, wie es sie auf Amrum und Sylt gibt, die man von hier aus bei klarer Sicht gut sehen kann. Auskunft: *Föhr Tourismus | Tel. 04681/300 | Fax 30 68 | www.foehr.de*

HALLIG HOOGE [0]

Die meisten Gäste erwarten massive Halligromantik: Teepunsch trinkende Friesen mit einem freundlichen „Moin" auf den Lippen, dazu Vogelgezwitscher und Einsamkeit. Sie kehren alle ernüchtert heim. Heute werden zur Hochsaison rund 1000 Gäste pro Tag (!) am Fähranleger ausgespuckt, die das kleine Eiland förmlich überschwemmen. Die Hooger gehen dann erst einmal auf Tauchstation. Trotzdem kann der Besuch ein Erlebnis werden. Da sind zuerst die Pferdekutschenbetreiber, die Sie am liebsten alle auf ihren Wagen zur Halligrundtour aufladen würden. Dann der Parcours durch die Leihräder und anschließend das „Bermudadreieck". So nennen die Einheimischen das Warftentrio von Hans-, Backens- und Kirchwarft, weil hier – insbesondere auf den ersten beiden – der Fremdenverkehr absonderliche Blüten treibt. Wer das alles durchläuft, ohne größeren Schaden zu nehmen, wird Hooge mögen.

Verstreute Warften (Wohnhügel, da bei Sturmflut das Wasser sonst in die Häuser dringen würde), verbunden durch eine kleine Straße, weidende Kühe und Pferde, ein kleiner Hafen und rundherum ein Deich, auf dem man die Hallig auf einer „Tour de Natur" umwandern kann (ca. 3 Std.). Eine „Tour de Kultur" ist auf der Hanswarft möglich. Hier befinden sich der *Königspesel,* das *Heimatmuseum,* ein *Sturmflutkino* sowie das *Infozentrum der Schutzstation Wattenmeer.* Professionelle Führungen bietet *Frau Dr. Renée Oetting-Jessel (Tel. 04849/278)* an. Auskunft: *Touristbüro Hallig Hooge | Tel. 04849/ 91 00 | Fax 201 | www.hooge.de*

KAMPEN

KARTE IN DER HINTEREN UMSCHLAGKLAPPE

[106B–C 3–4] Kampen liegt inmitten einer traumhaften Naturlandschaft. Dünen, Heide, Hünengräber, Watt, offene Nordsee, Kliff und Strand sind nur einige Highlights des Orts (700 Ew.) – und trotzdem: Wer an Kampen denkt, hat oft etwas anderes im Sinn. Dieser Ort scheint als Synonym für alle Vorurteile zu stehen, die man mit Sylt verbindet: teuer, dicke Autos,

Jetset (der kümmerliche Rest …), Schickimickis. Auch das stimmt. Aber wenn man bedenkt, dass das Jahr 365 Tage hat, herrscht in 85 Prozent der Fälle auch hier Normalität. Im Juli und August jedoch tanzt der Bär in Kampen. In der keine 300 m langen Whiskystraße, deren richtiger Name „Strönwai" kaum noch jemandem geläufig ist, wird flaniert, promeniert und taxiert – auf höchstem Niveau. Wer als Unbeteiligter dem Treiben zusieht, mag sich fragen, warum die (Möchtegern-) Prominenz gerade Kampen auserkoren hat. Dies hängt vor allem mit der jüngeren Geschichte des Orts zusammen.

Die unberührte Natur zog Mitte und Ende des 19. Jhs. Maler nach Kampen, deren Landschaftsgemälde damals eine ähnliche Wirkung hatten wie heute ein Werbeprospekt. Das Interesse war so geweckt. Ausschlaggebend für Kampens Entwicklung war sicherlich, dass sich Ferdinand Avenarius, ein Neffe von Richard Wagner und Herausgeber der Zeitschrift „Kunstwart", in Kampen 1903 ein Haus baute. Hier hielt er Hof, bekam Besuch von Künstlern und Literaten wie Stefan Zweig, Lovis Corinth, Hermann Hesse, Käthe Kollwitz, die den Ruf Kampens mehrten.

20 Jahre später war Kampen en vogue. Im Haus Kliffende, das heute gefährlich nah an der Abbruchkante steht, machten neben Emil Nolde auch Thomas Mann oder der Verleger Ernst Rowohlt Urlaub. Dessen Kollegen Siegfried Jacobsohn und Peter Suhrkamp besaßen bald ein eigenes Reetdachdomizil, das sie teilweise ihren Autoren zur Verfügung stellten. So kamen Ernst Penzoldt oder Max Frisch nach Kampen. „Man badet hier nackt, und das ist herrlich …" schrieb Letzterer.

Spätestens nachdem Gunter Sachs mit seiner kurzfristigen Gemahlin Brigitte Bardot in den Sechzigerjahren nach Kampen kam und den legendären Jetset im hohen Norden einführte, war es mit Kampens Unschuld vorbei. Die Massen kamen, um an den viel zitierten Herrlichkeiten teilzuhaben, woraufhin die Prominenten entweder schleunigst die Flucht ergriffen oder den Gärtner bestellten, um die Hecken dichter und höher zu setzen. Wer erfahren möchte, wo all diese illustren Persönlichkeiten logierten und was sie hier erlebten, sollte sich die *Dorfführung* „Auf den Spuren der vergessenen Künstler von Kampen" (Insider Tipp) *(Silke von Bremen | Tel. 355 74)* nicht entgehen lassen.

Bereits 1913 hatten die Kampener ein bemerkenswertes Ortsstatut erlassen, das Reetdach und roten Klinker für alle Neubauten vorschrieb. Den damaligen Gemeindevätern können die Kampener für diese Weitsicht heute noch dankbar sein. Denn wenn auch viel zu viel gebaut wurde, immerhin ist das Bemühen eines einheitlichen Stils erkennbar. Die Preise verschlagen einem die Sprache – ab 2,5 Mio. Euro kostet eine kleine Friesenhütte.

SEHENSWERTES

ROTES KLIFF UND UWE-DÜNE

Bis zu einer Höhe von 35 m ragt an der Westküste fast senkrecht das Rote Kliff auf. Die hier zutage tretenden Erdschichten gehören zu der vor

120 000 Jahren abgelagerten Moräne der Saale-Eiszeit. Auf dem Kliff liegt die Uwe-Düne, deren Kuppe mit fürs Flachland recht bemerkenswerten 52 m die höchste Erhebung von Sylt darstellt. Über eine Treppe kann man den Sylter Berg erklimmen. Von hier oben haben Sie einen grandiosen Rundumblick über die Insel.

VOGELKOJE ★

Zu den von dem Heimatverein Söl'ring Foriining betreuten Liegenschaften gehört auch diese historische Entenfanganlage im Norden von Kampen. Vogelkojen sind künstliche Teichanlagen aus dem 18. Jh., die man schuf, um Wildenten während des Vogelzugs zum Ausruhen zu verführen. Mittels eines trickreichen Systems konnten die zu Wasser gegangenen Enten vom Kojenwärter gefangen und geringelt (eleganter Begriff für „Halsumdrehen") werden. Tausende von Enten wurden so im Jahr erlegt. Die Anlage gehört heute zu den Sylter Naturschutzgebieten. *Ostern–Okt. Mo–Fr 10–17, Sa/So 11 bis 17 Uhr | 3 Euro | Lister Str.*

ESSEN & TRINKEN

DORFKRUG ROTES KLIFF

Wohlfühlatmosphäre, gute ländlich-norddeutsche Küche mit ordentlichen Portionen, familiäre Bedienung. *Tgl. | Alte Dorfstr. 1 | Tel. 435 00 |* €€

GOGÄRTCHEN ▶▶

Der Promitreff in der Restaurantszene. Elegantes Ambiente, dazu mediterrane Küche. Anschließend geht man in die Champagnerbar des Hau-

Dienen heute friedlichen Zwecken: Vogelkoje Kampen und Eidum-Vogelkoje bei Rantum

ses. *Tgl. | Strönwai 12 | Tel. 412 42 |* €€–€€€

GRANDE PLAGE

Direkt am Strand nördlich vom Haus Kliffende thront 8,5 m über dem Meer dieses Bistro. Günstige Preise, wechselnde Tageskarte, sensationeller Blick, schöne Terrasse. Mit Sauna! *Tgl. | Tel. 88 60 78 | www.grande-plage.de* | €€

JENS'NS TAFELFREUDEN

Von Aal über Spanferkelrücken bis Zander mit Blutwurst: Bei dieser kreativen Küche kommt wirklich oft Freude auf. *In der Nebensaison Di geschl. | Süderweg 2 | Tel. 440 41 |* €€

KUPFERKANNE ★

Originelles Café, das mit seinem unterirdischen Labyrinth wortwörtlich unbeschreiblich ist. Die traumhafte, weitläufige Gartenanlage mit Wattblick ist einmalig. Sensationeller Kuchen, Kaffee aus eigener Rösterei. *Tgl. | Stapelhooger Wai | Tel. 410 10 | www.kupferkanne-sylt.de* | €

SANDERS IM KAAMP-HÜS

Der Treff in KampensMitte. Hier geht es leger zu, Frühstück und leichte Bistroküche (nicht nur) für den Hunger zwischendurch. *Tgl. | Hauptstr. 12 | Tel. 88 64 60 | www.sanders-im-kaamp-hues.de* | €

STURMHAUBE

Kein Restaurant der Insel hat bessere Aussichten. Restaurant mit Kaminzimmer, Café, Willy's Bar. *Tgl. | Riperstieg 1 | Tel. 99 59 40 | www.sturmhaube.de* | €€–€€€

TAPPE'S RESTAURANT

Im Hotel Walter's Hof hat sich Chefkoch Christian Lorenz Küchenklassikern wie Lammkarree und Meeräschenfilet verschrieben und serviert dieselben in sehr guter Qualität. *Tgl. | Kurhausstr. 23 | Tel. 989 60 | www.walters-hof.de* | €€€

Restaurant und Champagnerbar: Wirt Rolf Seiche empfängt in seinem Gogärtchen

VOGELKOJE

Versteckt im Kojenwald auf dem Weg nach List liegt dieses gemütliche Restaurant mit herrlichem Garten und kleinem Kinderspielplatz. Günstiger Mittagstisch, 1 a Kuchen. *Tgl. | Lister Str. | Tel. 952 50* | €€€

Insider Tipp

EINKAUFEN

In Kampen sind alle namhaften Labels zu erstehen. Wer es origineller liebt, macht einen Spaziergang durch die zahlreichen Galerien oder schaut sich z. B. in der *Möbel-Deele (Hauptstr. 1)* nach stilvoller Einrichtung um.

GALERIE HEROLD

Im Haus Meeresruh im Zentrum zeigt Rainer Herold vor allem Werke norddeutscher Künstler. *Braderuper Weg 4*

GALERIE SPROTTE

Der 2004 verstorbene Siegward Sprotte prägte das Kampener Kunstleben seit den Fünfzigerjahren. Empfehlenswert sind die hier stattfindenden ▶▶ Veranstaltungen. *Alte Dorfstr. 1 | www.sprotte-stiftung.de*

ÜBERNACHTEN

LANDHAUS SÜDHEIDE

Stilvolles Hotel in einem 1763 erbauten Kapitänshaus. *8 Zi., 4 Suiten | Sjipwai 4 | Tel. 945 90 | Fax 94 59 11 | www.landhaus-suedheide.de* | €€€

HAUS RECHEL

Idyllische Lage, individuell eingerichtete Nichtraucherzimmer. *1 Apartment, 8 Zi. | Kroghooger Wai 3 | Tel. 984 90 | Fax 98 49 44 | www.haus-rechel.de* | €

REETHÜS

Elegantes Wohnen im modernen Landhausstil unter Reet. Schönes Schwimmbad. *20 Zi. und Suiten | Hauptstr. 18 | Tel. 985 50 | Fax 452 78 | www.reethues-sylt.de* | €€–€€€

RUNGHOLT

Traditionsreiches Familienhotel in Traumlage. Wellnessbereich mit Schwimmbad. In der Reiterbar fühlt man sich wie auf einem Kreuzfahrtschiff. *66 Zi. und Suiten | Kurhausstr. 35 | Tel. 44 80 | Fax 448 48 | www.hotel-rungholt.de* | €€€

Insider Tipp

VILLAGE

Luxuriöses Design unter Reet. Wellnessbereich und als besonderer Service ein Smart als Leihwagen am Haus. *9 Zi., 5 Suiten | Alte Dorfstr. 7 | Tel. 469 70 | Fax 46 97 77 | www.village-kampen.de* | €€€

WULDEHOF ▶▶

Das Schönste an diesem charmanten Haus mit großem Garten ist seine

Lage direkt am Naturschutzgebiet und nah am Wattenmeer. *10 Zi. | Wuldeschlucht 5 | Tel. 985 10 | Fax 98 51 33 | www.wuldehof.de* | €€

FREIZEIT & SPORT

BOULE
Im Dorfpark gibts einen Bouleplatz. Kugelausleihe beim Tourismus-Service.

BRUNOS FAHRRADVERLEIH
Am Campingplatz (nur im Sommer) und bei der Bäckerei Speck (Süderweg 1) | Tel. 338 17 17 und Tel. 0170/ 293 54 31

NORDIC WALKING
Routenpläne und Stöcke erhalten Sie beim Tourismusservice.

STRÄNDE
7 km Länge, nach Norden hin wird es immer einsamer. Buhne 16 ist der bekannteste FKK-Abschnitt der Insel. Strandsauna beim Bistro Grande Plage.

Disko im Dorfkrug: Im Kampener Club Rotes Kliff trifft sich tout Sylt

AM ABEND

PONY ▶▶
Legendär, seit 40 Jahren der Lieblingsplatz der Beautiful People. Prominenz fällt nicht weiter auf, hier fühlt sich jeder pressereif. Dazuzugehören kostet allerdings auch entsprechend. *Ab 22 Uhr | Strönwai 6 | www.pony-kampen.de*

CLUB ROTES KLIFF
Diskothek für 17- bis 70-Jährige. Das superschicke Nachtleben kostet zwar keinen Eintritt, dafür liegen die Preise der Drinks dann aber dicht an, wenn nicht jenseits der Schmerzgrenze. Gute Musik fördert die gute Stimmung, insbesondere an den „Special-Event"-Abenden. *Ab 23 Uhr | Braderuper Weg 3 (Dorfkrug) | www.club-rotes-kliff.de*

WILLY'S (IN DER STURMHAUBE)
Die Bar mit den schönsten Ausblicken! Zum Sonnenuntergang über dem Meer gibt es nicht minder bunte Cocktailträume, dazu Pianomusik oder kleine Disko. *Riperstig*

AUSKUNFT

TOURISMUS-SERVICE KAMPEN
Kaamp Hüs | Hauptstr. 12 | 25999 Kampen | Tel. 469 80 | Fax 46 98 40 | www.kampen.de

KEITUM

KARTE IN DER HINTEREN UMSCHLAGKLAPPE

[109 E3–4] **Der einstige Sylter Hauptort gehört zu den schönsten Dörfern Nordfrieslands.** Verschlungene Wege, die von den prächtigsten Friesenhäusern der Insel gesäumt werden, durchzie-

Am legendären Kampener Strand: Erholung von den Anstrengungen des Nachtlebens

hen den verwinkelten alten Ortskern. Verlaufen ist hier vorprogrammiert und gehört zu einem Keitumbummel einfach dazu.

Die geduckten Reetdachhäuser stammen vorwiegend aus dem 18. Jh., einige sind noch älter. Die damalige wirtschaftliche Blütezeit, Sylts „Goldenes Zeitalter", war eine Ära, in der fast jede Familie von der Seefahrt lebte. Die Männer befuhren als Handelsseefahrer alle Weltmeere, um mit Kostbarkeiten wie Gewürzen, Stoffen oder Tee nach Europa heimzukehren, andere machten als Walfänger ein Vermögen. Fast jeder Mann war fern der Insel, somit lagen die Geschicke der Familie und des Dorfs in den Händen der Frauen. Diese frühe Emanzipation merkt man den selbstbewussten Friesinnen heute noch an.

Heute leben auch die rund 700 Keitumer vom Fremdenverkehr, der allerdings spät Einzug hielt – das erste Hotel wurde erst 1970 eröffnet. Dann ging die Entwicklung rasant. Kaum ein Häuschen, das heute nicht teilweise vermietet wird. Anstelle von Läden für den täglichen Bedarf findet man jetzt elegante Boutiquen im Dorf, Designläden und Teestuben. Diese Entwicklung wird von den Einheimischen unterschiedlich beurteilt. Auf der einen Seite profitieren viele vom neuen Wachstum, doch die Kehrseite der Medaille sind exorbitante Immobilienpreise und in der Folge Abwanderung der einheimischen Bevölkerung. In jüngster Zeit haben der Skandal um den Bau der Keitum-Therme, die anstelle des alten Meerwasserfreibads enstehen soll(te), und Querelen bei der Realisierung eines Hotelprojekts am östlichen Ortsrand das Gemeindeleben belastet.

Früher hatte man andere Probleme. Die geschützte Lage des Dorfs am

Wattenmeer, hoch gelegen auf dem Kliff, bewahrte den Ort davor, von Sturmfluten zerstört zu werden, wie es in den westlichen Nachbargemeinden fast an der Tagesordnung war – einer der Gründe, warum Keitum damals zum Hauptort der Insel avancierte.

Als sich die Zeiten änderten und die ersten Badegäste den Strand bevölkerten, lief Westerland, mittlerweile elegantes Modebad, um 1900 Keitum den Rang ab. Man fuhr nur noch ins Dorf, um das einfache Leben der Insulaner zu bestaunen. Diese wiederum schauten misstrauisch auf die sich wandelnden Umgangsformen in den Kurorten und gründeten zur Rettung der Sylter Sitten und Bräuche 1906 die Söl'ring Foriining („Sylter Verein", *www.soelring-foriining.de*). Eine der ersten Amtshandlungen war die Schaffung der beiden Museen, die nach 100 Jahren immer noch eine der Hauptattraktionen des Dorfs sind. Sie liegen am Kliff und sind durch einen der schönsten Wanderwege der Insel, den ★ *Kliffweg,* miteinander verbunden. Max Frisch, der 1949 zu Fuß von Kampen nach Keitumlief, war so begeistert vom Idyll und von der üppigen Vegetation des Dorfs, dass er es „das grüne Vergessen" nannte. Leider wurden die ca. 550 Ulmen des Dorfs von einem durch den Ulmensplintkäfer übertragenen Pilz befallen und mussten 1999 sämtlich gefällt werden. Die an ihrer Stelle neu gepflanzten Bäume sind von deren stattlicher Größe noch viele Jahre entfernt.

Wenn der Himmel auf Sylt bedeckt ist, sprechen die Einheimischen von „Keitumwetter", weil dann alles ins Friesendorf strömt. Wer jedoch an einem Sonnentag nach Keitum kommt, wenn alle am Strand liegen, wird das Idyll in aller Stille genießen können. Da die kleinen Straßen des Dorfs dem steigenden Verkehr nicht mehr gewachsen waren, haben sich die Keitumer 2004 endlich eine Umgehungsstraße geleistet. Wer ins Dorf hineinwill, fährt in eine Sackgasse, eine Durchfahrt ist nicht mehr möglich. Tipp: Parken Sie gleich auf einem der beiden Parkplätze am Ortseingang aus Richtung Tinnum oder Munkmarsch! Empfehlenswert sind die *Dorfführungen (Di, Mai–Okt. auch Do 10 Uhr | Treff an der Touristinformation).*

Insider Tipp

SEHENSWERTES

ALTFRIESISCHES HAUS

Wohnhaus eines Walfängers von 1739. Original erhaltenes Mobiliar, angeschlossen eine Museumsweberei. *Ostern–Okt. Mo–Fr 10–17, Sa/So 11–17, Nov.–Ostern Di–Fr 13–16 Uhr | 3,50 Euro, Kombikarte mit Heimatmuseum 6 Euro | Am Kliff 13*

HISTORISCHER ORTSKERN

Nordöstlich des Gurtstigs, Keitums Hauptstraße, finden Sie zwischen Erich-Johannsen-Wai und Mühlenweg die meisten schönen Häuser des Orts, manche von ihnen weit über 200 Jahre alt. Bei den verwinkelten Sträßchen fällt die Orientierung manchmal schwer, doch das sollte Sie nicht stören, denn hier gibt es hinter jeder Ecke etwas Hübsches zu bewundern.

Besonders sehenswerte Friesenhäuser befinden sich mit dem *Altfriesischen Haus* und dem *Heimatmuseum* in der Straße *Am Kliff;* im

Weidemannweg fällt besonders ein weißes Kapitänshaus ins Auge, das *Weidemannhaus* von 1776. Eines der kleinen Friesenhäuser im *Dikwai (Nr. 5)* gehörte früher Henri Nannen, dem Gründer des „Stern". Wirklich malerische kleine Reetdachhäuschen stehen im *Takerwai;* sie gehörten einst nicht Keitumer Kapitänen, sondern einfachen Handwerkern.

Mobiliar von 1739: Wohnstube („Pesel") im Museum Altfriesisches Haus

ST. SEVERIN

Alle, die mit der Bahn anreisen, grüßt die hohe, frei stehende Kirche mit ihrem wuchtigen Kirchturm, der erst Mitte des 15. Jhs. aus Ziegelsteinen aufgemauert wurde und anfänglich mehr als Seezeichen diente. Das Keitumer Gotteshaus ist das größte mittelalterliche Bauwerk der Insel. Seine Anfänge (Chor und Apsis) stammen vermutlich aus dem 12. Jh. Die Kirche ist innen und außen schlicht gehalten, Schmuckstücke sind der gotische Flügelaltar und die Renaissancekanzel. Ältestes Inventar ist der aus Sandstein gefertigte Taufstein aus dem 13. Jh.

Im Ziegelgemäuer des wuchtigen Turms finden sich zwei Steine eines gespaltenen Findlings, die der Sage nach die Nonnen Ing und Dung symbolisieren. Sie sollen das Geld für den Turmbau gegeben haben – allerdings hatte die Sache einen Haken, denn jede der beiden sprach einen Fluch aus. Tatsächlich ging ein Teil des Fluchs in Erfüllung. Wer mehr über die Geheimnisse dieser geschichtsträchtigen Kirche wissen möchte, sollte sich das wunderbare Hörbuch „St. Severin auf Sylt" besorgen, erhältlich im Sylter Buchhandel oder unter *www.literaturtipp.com.* Wilhelm Wieben, ehemaliger

Insider Tipp

Tagesschausprecher, führt die Zuhörer nicht nur durch die Kirche, sondern auch über den Friedhof, auf dem neben Peter Suhrkamp und Rudolf Augstein viele bekannte Persönlichkeiten ihre letzte Ruhestätte gefunden haben und in dessen nördlichem Teil Insider Tipp alte Grabsteine an die Keitumer Kapitäne erinnern.

Jeden Mittwoch finden in St. Severin stimmungsvolle Orgelkonzerte statt, die zu einem unvergesslichen Sylturlaub dazugehören. *Sommer tgl. 9–18, Winter 10–16 Uhr, Führungen Do 17 (Winter 16) Uhr | Munkmarscher Chaussee | www.st-severin.de*

STEINZEITLICHE GRÄBER

Am Watt führt Sie die Straße Am Tipkenhoog zu den Gräbern Harhoog und Tipkenhoog. Während der *Tipkenhoog* noch als Hügel besteht (von seiner Kuppe aus haben Sie einen großartigen Blick über die Keitumer Bucht), ist der *Harhoog* ein sogenanntes Riesenbett, das bei Tinnum ausgegraben und dann nach Keitumverlegt wurde. Beide Gräber stammen aus der jüngeren Steinzeit von ca. 4000–1500 v. Chr.

SYLTER HEIMATMUSEUM ★

Ehemaliges Kapitänshaus von 1759, Dokumentation der Inselgeschichte, gute archäologische Abteilung und eine Ausstellung über das dramatische, kurze Leben des Sylter Nationalhelden Uwe Jens Lornsen. Der Eingangsbereich wird von den Unterkieferknochen eines Finnwals geschmückt. Sitz der Geschäftsstelle *Söl'ring Foriining (Tel. 328 05 | www.soelring-foriining.de). Ostern bis Okt. Mo–Fr 10–17, Sa/So 11–17, Nov.–Ostern Di–Fr 13–16 Uhr | 3,50 Euro, Kombikarte mit Altfriesischem Haus 6 Euro | Am Kliff 19*

ESSEN & TRINKEN

AMICI

Insider Tipp

Freunde finden wird das geradlinig-modern gestaltete und dabei doch Wärme ausstrahlende Restaurant schnell. Deutsch-italienische Küche, serviert auch auf der Terrasse und im Garten. Ab 10 Uhr Frühstück! *So geschl. | C.-P.-Hansen-Allee 1 | Tel. 957 09 47* | €€

FISCH-FIETE

Keitums Fischrestaurant mit der längsten Tradition. Mit angeschlossenem Bistro (€) für den kleineren Hunger. *Tgl. | Weidemannweg 3 | Tel. 321 50 | www.fisch-fiete.de* | €€–€€€

FLORIANS ESSZIMMER

Kleines Restaurant direkt am Ortseingang: frischer Look, nette Leute, gute Küche, u. a. mit köstlichem Kalbstafelspitz. Man sitzt etwas gedrängt – ein Esszimmer eben. Mit Terrasse. *Außerhalb der Saison Mo geschl. | Gurtstig 2 | Tel. 318 84* | €€–€€€

GRÜNHOF-STUBEN

Am östlichen Ortsrand liegt dieses rustikale Restaurant mit traditioneller norddeutscher Küche und fairen Preisen. Am großen Tresen trifft sich das Dorf. *Mo und mittags geschl. | Süderstr. 80 | Tel. 315 01* | €–€€

RESTAURANT KARSTEN WULFF

Der ehemalige Koch der MS Europa ist gebürtiger Sylter, und der Namenszusatz „Feinste Fischkochkunst" ist

Die wöchentlichen Orgelkonzerte in St. Severin sind ein echtes Highlight

nicht übertrieben. *Mo geschl.* | *Museumsweg 4* | *Tel. 303 00* | *www.karsten-wulff.de* | €€–€€€

KLEINE TEESTUBE
Gemütliches Ambiente unter Reet in der Poleposition – hier kommt jeder vorbei. *Do geschl.* | *Westerhörn 2* | *Ecke Gurtstig* | *Tel. 318 62* | €

LANDSCHAFTLICHES HAUS
Hier speist man in original friesischem Ambiente. Das älteste Gasthaus Keitums besteht seit über 200 Jahren. Gartenterrasse. *Mi geschl.* | *Gurtstig 54* | *Tel. 318 40* | €€

NIELSEN'S KAFFEEGARTEN
Traumlage auf dem Grünen Kliff mit Blick übers Watt. Gartenterrasse, eigene Bäckerei. *Di geschl.* | *Am Kliff 5* | *Tel. 316 85* | €

PIUS' WEINWIRTSCHAFT
Keitumbesitzt auch eine gemütliche Weinstube. Der Schweizer Pius Regli lockt mit eidgenössischen Tropfen und kleiner Vesperkarte. *Tgl. ab 15, im Winter ab 17 Uhr* | *Am Kliff 5* | *Tel. 889 14 38* | *www.pius-weine.de* | €

TEE- UND KAFFEE-STUUV IM AARNHOOG Insider Tipp
Abseits vom Trubel liegt das hübsche Café des Hotels Aarnhoog, das Gäste ab 13 Uhr mit Kuchen und einer kleinen Karte empfängt. Ab 18 Uhr auch Abendkarte (€€). Im Sommer Terrasse. *Wechselnder Ruhetag* | *Gaat 13* | *Tel. 39 90* | €

EINKAUFEN

EINRICHTUNG
Am Kliff 5 a steht das lauschige *Witthüs,* in dem Sie Elegantes und Verspieltes von Schmuck bis Schalen entdecken können. Wer geschmackvolle Einrichtungsgegenstände sucht, geht ins *Hüs bi Hüs (C.-P.-Hansen-Allee 3)* oder – wer moderne Designs bevorzugt – zu *Nordlicht (Gurtstig 33 und 48).* Freunde typisch friesischer Wohnkultur werden vor allem bei *Mylin (C.-P.-Hansen-Allee 10 a)* fündig; hier gibts die schönsten Fliesen. Englisches findet man in der *Vitrine (Kirchenweg 3)* – bis hin zu „Du-

Unverkennbar friesisch: das weit heruntergezogene reetgedeckte Dach

chy's", den Produkten von Prinz Charles' Ökofarm.

KUNSTHANDWERK

Die Goldschmiedin *Antje Ballauf (Kirchenweg 4)* schafft großen, unverwechselbaren Schmuck. Im *Bahnhofsgebäude* findet man im Glashaus von *Hans Jürgen Westphal* mundgeblasene Gläser und Skulpturen. Auf dem Weg dorthin liegt in einem alten Friesenhaus *(Gaat 6)* die Töpfereivon *Regine Skoluda,* die ihre Unikate mal zart, mal kontrastreich bemalt. In der Schmuckwerkstatt von *Birte Wieda (Gurtstig 26)* entstehen gradlinige, formreduzierte Schmuckstücke. Verspielter ist der Goldschmuck von *Christoph Freier (Erich-Johannsen-Wai 1).* Man findet ihn unter einem Dach mit der *Weewel-Kaamer* von Silke Wessel, die auf ihrem 100 Jahre alten Webstuhl wunderbar zarte Stücke zaubert. *www.sylter-kunsthandwerker.de*

LEBENSMITTEL

Südlich der Bahngleise verkauft der *Gänsehof* im Hofladen *(Koogstr. 2)* Delikatessen vom Lamm und vom Gallowayrind, und im *Friesischen Käselädchen (Siiddik 6)* können Sie neben diversen Käse- und Wurstspezialitäten von Ziege, Schaf und Kuh auch hausgemachte Marmeladen und Fruchtliköre erwerben. Das *Sylter Teekontor* (Insider Tipp) *(Siiddik 15)* bietet alle Accessoires rund um die Teekultur an und versendet seine vielen Teesorten auch. Etwas Besonderes hier sind übrigens die wundervollen Lesungen und Konzerte *(Okt.–Mai | www.teekontorkeitum.de)* in kleinem Rahmen.

ÜBERNACHTEN

BENEN-DIKEN-HOF

Das Ehepaar Johannsen führt eines der schönsten und besten Hotels der Insel. Perfekter Service, nette Bar, eleganter Wellnessbereich, Beautystudio. *33 Zi. und Suiten, 12 Apartments | Süderstr. 3–5 | Tel. 938 30 | Fax 938 31 83 | www.benen-diken-hof.de* | €€€

KAMP'S HOTEL

Sehr persönlich geführtes Haus unter Reet mit großem Garten. *Das Galeriecafé (Nov.–April Mi geschl.)* steht auch Nichthotelgästen offen – der Kuchen ist köstlich. *4 Zi., 3 Apartments | Gurtstig 41 | Tel. 983 90 | Fax 98 39 23 | www.kamps-sylt.de* | €€

KEITUMER HAFENHAUS

Neun Nichtraucherapartments direkt am Watt. *Kirchenweg 28 | Tel. 939 60 | Fax 93 96 27 | www.keitumerhafenhaus.de* | €

WITTENBRINK'S

Schönes, kleines Hotel am östlichen Ortsrand mit fünf Nichtraucherapartments unter Reet. Vorzügliches Frühstück, guter Weinkeller. *Osterweg 8 | Tel. 836 37 90 | Fax 836 37 91 | www.wittenbrinks.de* | €€€

FREIZEIT & SPORT

FAHRRADVERLEIH

Der Fahrradladen (Gurtstig 44 | Tel. 328 79); Christel's Fahrradverleih (Gurtstig 24 | Tel. 327 97)

AM ABEND

SALON 1900

Eine Inselinstitution, Nachtleben mit Tanz für jung Gebliebene, Restaurant (€€) und Bar. *Tgl. | Süderstr. 40 | Tel. 93 60 00*

AUSKUNFT

TOURISMUS-SERVICE KEITUM

Bis auf Weiteres im Container auf dem Parkplatz am Ortseingang West | 25980 Keitum | Tel. 01805/55 79 58 | Fax 337 37 | www.keitum.de

LIST

[105 D–E4] **List ist die nördlichste Gemeinde Deutschlands. „Lass uns nach Sylt fahren" hieß es früher, wenn man sich auf den Weg in die südlicheren Inselgemeinden machte.** Dieses ungewöhnliche Selbstverständnis der Lister hängt mit der abgeschiedenen Lage des Orts – bis ins 20. Jh. war er nur zu Fuß erreichbar – und seiner Geschichte zusammen. Erst 1866 wurde das dänische Listland, das fast nur aus Dünen besteht, deutsch. Die jahrhundertealte unsichtbare Grenze verlief nördlich von Kampen auf der Höhe der Vogelkoje. Die gewaltige Dünenlandschaft steht seit 1923 unter Naturschutz.

Kaum jemandem ist bewusst, dass sich die knapp 1300 ha des Inselnordens komplett in privater Hand der alteingesessenen Lister Familien befinden. Hier, im einstigen Dänemark, galt ein anderes Erbrecht, sodass das Gelände in den Händen der bewirtschaftenden Sippe blieb. Dieser Landreichtum hat den Listlandbesitzern mehr Ärger als Freude gebracht. Der unfruchtbare Boden konnte früher nur der kargen Schafzucht dienen, zusätzlichen Gewinn brachten im Sommer die begehrten Möweneier, die man in den einsamen Dünentälern sammelte.

Größeres Problem waren die Begehrlichkeiten anderer: Das Militär enteignete in der Vorphase zum Ersten Weltkrieg und sehr viel rigoroser im Dritten Reich. In den Zwanzigerjahren war das Gelände überdies unter Naturschutz gestellt worden – ein Glück für die Insel. Die Eigentümer dürften es mit gemischten Gefühlen gesehen haben, denn es ist seither ein Reservat für die Allgemeinheit, auch wenn man die Dünen nicht betreten darf. Nur am sogenannten Ellenbogen wird das Private noch deutlich: Wer zu diesem nördlichsten Punkt der Insel möchte, muss in der Saison für den Wagen eine Maut von 5 Euro zahlen.

Der eigentliche Ort List (1600 Ew.) ist dabei, sich stark zu verändern: Seit Ende 2007 steht das innerörtliche Kasernengelände zur planerischen Verfügung, und präferiert wird derzeit – ein schöner Gedanke –, dort die sogenannte Campus-Universität Sylt mit angeschlossenem Internat zu installieren. Das bereits umgestaltete Hafengelände mit dem neuen Erlebniszentrum ist das pulsierende Zentrum des Orts, was die Gemeinde dem „Fischkönig" Jürgen Gosch zu verdanken hat, einem Mann, der eine klassische Tellerwäscherkarriere hinter sich hat: vom Maurer mit Ideen zum Mehrfachmillionär. Aus seiner kleinen Verkaufsbude hat sich eine Eventgastronomie entwickelt, die ihresgleichen sucht; seine Bootshalle muss man sich wie ein maritimes Hofbräuhaus vorstellen. Der Beiname „List-Vegas" für das Hafengelände ist gar nicht so unpassend.

SEHENSWERTES

ERLEBNISZENTRUM NATURGEWALTEN SYLT ★

„Kräfte der Nordsee", „Leben mit Naturgewalten" und „Klima, Wetter, Klimaforschung": Das sind die Themen, mit denen sich dieses nagelneue Ausstellungszentrum auf spannende, lehrreiche und höchst anschauliche

Jürgen Gosch lässt es sich bis heute nicht nehmen, seine Fische auch immer mal wieder persönlich unters Volk zu bringen

Weise befasst. Im Wellenkanal und im Watttunnel, im Sturmraum und im arktischen Forschungslabor sind Sie hautnah dabei. Mit Restaurant (€–€€), Shop und Außenspielplatz. *Tgl. 10 bis 18 (Juli/Aug. bis 22) Uhr | 11 Euro | Hafenstr. | www.naturgewalten-sylt.de*

Insider Tipp

FRIEDHOF

Ein ungewöhnlicher Begräbnisplatz in der Düneneinsamkeit. Hierwurde 1977 der Flugpionier Wolfgang von Gronau bestattet, der 1930 als einer der Ersten mit einem alten Flugboot den Atlantik überquerte und 1932 von hier sogar zu einer Weltumrundung aufbrach.

SYLTER ALGENFARM & DITTMEYER'S AUSTERN-COMPAGNIE

Eine Führung durch Deutschlands einzige Algenfarm verrät Wissenswertes über das gesunde Meeresgemüse und die hier praktizierte Algen-Austern-Polykultur. Kinder schließen derweil Bekanntschaft mit der Nordseeflora und -fauna in einem „Grabbelbecken". *April–Okt. Mo und Do 11 Uhr | Eintritt 4 Euro | Hafenstr. 10–12 | www.algenfarm.de*

WANDERDÜNEN ★

Die letzten Wanderdünen Deutschlands liegen im Listland. Der kräftige Westwind hält die vegetationslosen Sandberge in ständiger Bewegung und lässt sie gen Osten wandern. Die größte der drei bis zu 35 m hohen Dünen besitzt einen Leehang von fast 2 km Breite. Das Geländesteht unter Naturschutz und darf nicht betreten werden.

WATTENMEERSTATION SYLT

Schon 1924 wurde diese Zweigstelle des Alfred-Wegener-Instituts für Polar- und Meeresforschung gegründet. 2008 wurde ein Neubau mit Büros und Laboren eröffnet. Termine für Vorträge und Führungen im Veranstaltungskalender oder unter *Tel. 95 60. Hafenstr. 43*

ESSEN & TRINKEN

AUSTERNMEYER

Frischer als hier (und in vielen Variationen) bekommen Sie die „Sylter Royal" nirgends. *Im Winter Mo geschl. | Hafenstr. 10–12 | Tel. 87 75 25 | www.austernmeyer.de* | €€

GOSCH

Die „nördlichste Fischbude Deutschlands" in der alten Bootshalle ist ein ganzer Komplex mit mehreren Läden und reichlich Remmidemmiatmo-

Abendstimmung in der Sylter Sahara: die Wanderdünen im Listland

sphäre; sie ist längst Kult und hat sogar den Sylter Sprachschatz erweitert: „Lass uns einen goschen gehen" heißt: „Wir fahren nach List." *Tgl. | am Hafen | Tel. 95 19 10 | www.gosch.de | €–€€*

KÖNIGSHAFEN

Der Lister Dorfgasthof, über 120 Jahre in Familienbesitz der Hansens, die ihren Gästen Gutbürgerliches auftischen. *Tgl. | Alte Dorfstr. 1 | Tel. 87 04 46 | €€*

LISTHÜS

Traditionelle norddeutsche Küche, gute Lamm- und Grünkohlgerichte. Insider Tipp Im Winter (außer zur Saison) reduzierte Preise! *Tgl. | Hafenstr. 7 | Tel. 87 03 77 | €€*

ÜBER 200 JAHRE ALTER GASTHOF

Er ist sogar fast 300 Jahre alt! Urige Friesenstuben, in denen vornehmlich Fisch serviert wird. Spezialität ist der in Seewasser gekochte Hummer. *Nov.–Mitte Feb. ganz, Sept.–Juni Mo geschl. | Alte Dorfstr. 5 | Tel. 87 72 44 | www.alter-gasthof.com | €€–€€€*

WESTSTRANDHALLE

Dünen statt Alpengipfel: Am Lister Weststrand gibts neben Fisch und regional Deftigem auch eine Menge österreichischer Spezialitäten. Gut, reichlich, günstig. *Tgl. | Tel. 87 02 66 | €€*

EINKAUFEN

STRANDKORB & CO.

Das „Co." ist wichtig, denn hier gibt es auch Kunst, Möbel, Skurriles und Praktisches für Garten und Terrasse. *Listlandstr. 12*

TONNENHALLE

Die Lister haben seit 2004 ein überdachtes Shoppingcenter. Im Zuge der Umgestaltung des Hafengeländes wurde auch die alte Tonnenhalle vollständig umgebaut; hier finden sich jetzt viele kleine, nette Läden, aber auch der unvermeidliche Gosch mit einer Souvenirkitschabteilung.

ÜBERNACHTEN

A-ROSA

Im Winter 2009/10 gehts los: In exponierter Lage am Oststrand öffnet Sylts größtes Hotel seine Tore sowie ein riesiges Spa und fünf Restaurants. *178 Zi. und Suiten | Listlandstr. | www.a-rosa.de | €€€*

LANDHAUS SILBERMÖWE

Kleines, behagliches Hotel unter Reet mit großem Garten und üppigem Frühstück. *8 Zi., 6 Suiten | Süderhörn 7 | Tel. 952 20 | Fax 95 22 22 | www.landhaus-silbermoewe-sylt.de | €–€€*

ÜTHÖRN

Gelegen in der absoluten Düneneinsamkeit des Naturschutzgebiets Ellenbogen mit Meerblick. Nördlicher als hier können Sie in ganz Deutschland nirgendwo wohnen. Rustikal. *11 Apartments | Ellenbogen | Tel. 87 02 18 | Fax 87 74 09 | www.uethoern.de | €*

FREIZEIT & SPORT

FAHRRADVERLEIH

M & M (Listlandstr. 16 | Tel. 357 77); Tieves (Listlandstr. 15 | Tel. 87 02 26); Listrad (Am Brünk 66 | Tel. 87 76 87)

SCHIFFSFAHRTEN

Mit den Kuttern Gret Palucca und Rosa Paluka kann man mehrmals täglich Fahrten zu den Seehundsbänken unternehmen – mit Seetierfang. *Adler-Schiffe | Tickets am Hafen | Tel. 87 72 80*

Insider Tipp

STRANDSAUNA

Immer wieder großartig: Mitten in den Dünen schwitzen und dann in die Nordsee flitzen! *April–Okt. tgl. 11–18 Uhr | 14 Euro | FKK-Bereich am Weststrand | Tel. 87 71 74*

STRÄNDE

List hat am Wattenmeer südlich des Orts einen kleinen Strand (kinderfreundlich!) und an der Westseite der Insel, ca. 3 km vom Ort entfernt (in der Saison gibt es einen Buszubringer), den eigentlichen Badestrand an der offenen Nordsee mit Hundestränden und FKK-Abschnitten (im südlichen Bereich bis Klappholttal). Hauptübergang ist die Strandhalle. Achtung: Am nördlichen Ellenbogen dagegen ist das Baden aufgrund der Strömungen lebensgefährlich, und hier gibt es auch keine Rettungsschwimmer!

AUSKUNFT

TOURISMUS-SERVICE LIST

Am Brünk 1 | 25992 List | Tel. 952 00 | Fax 87 13 98 | www.list.de

ZIELE IN DER UMGEBUNG

RØMØ (RÖM) [0]

Nördlich von Sylt liegt die dänische Nachbarinsel Röm. Von List aus verkehrt mehrmals täglich die Fähre. Auskunft: *Rømø-Sylt-Linie | Tel. 0180/310 30 30 | www.syltfaehre.de*

Nach 45 Minuten – während deren man bei Ebbe mit etwas Glück Seehunde entdecken kann, die sich auf den Sandbänken sonnen – legt man in Havneby an. Ob Sie mit PKW oder Rad unterwegs sind, Sie sollten in jedem Fall gleich nordwärts streben. Mit knapp 100 km² ist die Insel zwar ähnlich groß wie Sylt, doch verschie-

> CHARAKTERVÖGEL

Drei kurze Steckbriefe hübscher Inselbewohner

Neben den unzähligen Zugvögeln, die Jahr für Jahr im Frühjahr und Herbst die Insel als Rastplatz nutzen, und denjenigen gefiederten Gästen, die im Sommer hier ihre Jungen großziehen, lebt eine ganze Reihe von Vögeln aller Arten ganzjährig auf Sylt und auf der Nordsee drum herum. Drei von ihnen sind besonders markant. Zunächst der Austernfischer – schwarz-weiß, rote Beine, langer roter Schnabel, stochert in Watt und Wiesen nach Würmern etc.; besonderes Kennzeichen: pfeift einem gern laut gellend hinterher. Dann die Brandgans (die Sylter nennen sie Bergente) – weiß mit schwarzgrün schillerndem Kopf, breitem braunem Brustring und rotem Höckerschnabel, brütet gern in Erdhöhlen; besonderes Kennzeichen: begrüßt einen im Flug auf Friesisch mit „Gudai!" (guten Tag). Zuletzt die Eiderente – hier ist das Weibchen mausbraun, während sich das Männchen (aber nur im Frühjahr) in Schwarz und Cremeweiß mit lindgrünem Nacken präsentiert; besonderes Kennzeichen: Als Meeresente isst man gern Miesmuscheln in der Schale ...

dener können Schwestern gar nicht sein. Röm besteht hauptsächlich aus Sand. Abgesehen von den Feriensiedlungen liegen die schönen, alten Höfe vereinzelt in der kargen Landschaft. Wovon Sylt träumt, das hat Röm im Überfluss: den breitesten Strand Europas (über 3 km)! Der Verbindungsdamm zum Festland

Leuchtfeuer List-Ost am Ellenbogen: der nördlichste Zipfel Deutschlands

(knapp 8 km nördlich des Hafens) ist eine Straße. So konnte sich eine ungewöhnliche Variante von Strandleben ausbilden: Die Dänen fahren mit ihren Autos über Damm, Insel und Strand bis direkt an die Wasserkante!

Sehenswert ist das Museum *Kommandørgården (Mai–Sept. Di–So 10 bis 18, Okt. 10–15 Uhr | 2 Euro)*, ein prachtvoller Hof aus dem 18. Jh. mit reicher Ausstattung. Auskunft: *Turistbureau| Havnebyvej 30 | Tel. 0045/ 74 75 51 30 | www.romo.dk*

MORSUM

[111 D3–4] **„An erster Stelle auf Sylt" lautet der selbstbewusste Slogan der Morsumer in Hinblick auf den ersten Sylter Bahnhof, den ein vom Festland kommender Zug erreicht.** Hinsichtlich des Fremdenverkehrs steht man zum Glück nicht an erster Stelle. In Morsum (1100 Ew.) überwiegen Ruhe und Beschaulichkeit, die zahllosen Wanderwege entlang der Felder, Weiden und Deiche lassen den fehlenden Strand kaum vermissen. Abgesehen davon haben die Morsumer ihre eigene Badestelle im südlichen Watt, etwas westlich der Morsum-Odde. Insider Tipp

Hier kann man zwar nur zur Flut „in die Fluten steigen", die etwas trübe sind, aber dafür ist das Wasser immer ein paar Grad wärmer als an der Westseite, und es gibt keine Brandung, die einem die Frisur ruinieren könnte.

Früher lebten fast alle Morsumer von der Landwirtschaft, und auch heute sind hier Ferien auf dem Bauernhof möglich *(Hoffmann | Tel. 89 02 38 | www.sylt-bauernhof.de; Kühl | Tel. 97 71 71 | www.hof-kuehl.de)*. Bauer Nielsen lebt noch von der Landwirtschaft. Nach Schließung der Sylter Meierei hat er in eine eigene Abfüllanlage investiert. Seine frische Sylter Milch (blaue Tüten) bekommen Sie direkt auf dem Hof *(Hooger Wal 33)* oder im Sylter Einzelhandel.

Morsumist eine Streusiedlung, bestehend aus fünf Ortsteilen. Die einstigen Höfe liegen inmitten ihrer Ländereien – fast alle auf einer kleinen Anhöhe. Wie auf den Halligen baute man hier früher auf Warften, denn der Nössedeich schützt die Bewohner erst seit den Dreißigerjahren bei Sturmflut. Auch die außerhalb gelegene Kirche steht auf einer Aufschüttung, die jedoch schon in vorgeschichtlicher Zeit angelegt wurde. Weltbekannt ist das Dorf unter Geologen: Das Morsum-Kliff ist ein ungewöhnlicher Aufschluss, der deutlich erkennbar verschiedene, bis zu 10 Mio. Jahre alte Erdschichten zutage treten lässt.

SEHENSWERTES

MORSUM-KLIFF ★

Die Landschaft des Morsum-Kliffs steht unter Naturschutz, betreuender Verein ist die *Naturschutzgemeinschaft Sylt e. V. (Tel. 444 21 | www.naturschutz-sylt.de)*, die interessante **Führungen** *(April–Okt. Mo, Mi, Fr 11, Di, Do 14 Uhr | Treff: Parkplatz Nösse | Spende erbeten)* anbietet. Insider Tipp Wer am Fuß des 20 m hohen Kliffs entlangspaziert, wird unschwer erkennen, dass der Abhang aus unterschiedlichem Material aufgebaut ist. Weiße, rote und schwarze Erdschichten liegen nebeneinander. Am ältesten ist der blauschwarze Glimmerton, der sich vor ca. 6–10 Mio. Jahren auf dem Grund eines warmen Meeres ablagerte. In den nachfolgenden Jahrmillionen änderten sich offensichtlich die Verhältnisse, das tiefe Meer wurde zu einem flachen Gewässer. Nun lagerte sich Limonitsandstein ab, eine durch hohen Eisenanteil rötlich gefärbte Schicht. Doch damit nicht genug. Darüber floss vor 2 bis 3 Mio. Jahren noch ein gewaltiger Fluss hin-

weg, der den weißen Kaolinsand hinterließ. Dieser 10 Mio. Jahre währende Massenfallout läge normalerweise tief im Erdinnern verborgen, geschichtet wie ein Baumkuchen, wenn nicht vor 120 000 Jahren ein gewaltiger Gletscher vorbeigekommen wäre, durch dessen Gewicht die Schichten an die Oberfläche gedrückt wurden.

Gleichzeitig stehen weite Bereiche des Geländes unter Denkmalschutz, denn hier findet sich eine der am besten erhaltenen prähistorischen Kulturlandschaften Schleswig-Holsteins. Auf engem Raum wurden Siedlungsspuren aus der Stein-, Bronze-, Wikinger- und Römerzeit nachgewiesen.

ST. MARTIN

Die im 12. Jh. errichtete kleine Kirche liegt am südlichen Rand des Dorfs. Sie besitzt nur einen hölzernen Glockenstapel und wurde vermutlich zeitgleich mit zahlreichen anderen Kirchen auf Sylt gebaut, von denen nur noch die Keitumer St. Severin existiert. Im 30-jährigen Krieg diente sie als Wehrkirche. Sie ist von einem kleinen Friedhof umgeben. Hier findet sich die Grabstelle des Offiziers und Widerstandskämpfers Fabian von Schlabrendorff, der am Attentat auf Hitler am 20. Juli 1944 beteiligt war. Der spätere Bundesverfassungsrichter verbrachte seinen Lebensabend in Morsum. Im Sommer gibt es alle 14 Tage donnerstags um 14.30 Uhr eine Kirchenführung *(Tel. 89 02 25)*.

ESSEN & TRINKEN

BISTRO DREI HASEN

Freundlich und großzügig eingerichtetes Restaurant mit Gartenterrasse,

Ein Spaziergang am Fuß des Morsum-Kliffsgerät zur geologischen Lehrstunde

gute Portionen. *Mo geschl.* | *Terpstig 78* | *Tel. 889 18 51* | €–€€

FRÄNKISCHE WEINSTUBEN

Fränkisch-friesische Familienwirtschaft mit guten Wildgerichten zu fairen Preisen; im Sommer netter Kaffeegarten shinterm Friesenhaus. Verpassen Sie nicht „Uromas Zwetschgenkuchen“! *Di und Nov.–Mitte März geschl.* | *Terpstig 87* | *Tel. 89 04 40* | €€

Insider Tipp

MORSUM KLIFF

In herrlicher Lage am östlichen Zipfel der Insel. Schöne Terrasse, gute, vielfältige Küche zu freundlichen Preisen. *Außerhalb der Saison Mo geschl.* | *Nösistig 13* | *Tel. 83 63 20* | €€

NES PÜK

Bei Radlern und Wanderern beliebt für einen kleinen Imbiss. *Mi geschl.* | *Nuurhörn 7* | *Tel. 89 06 54* | €–€€

EINKAUFEN

FRIESLAND-STRANDKÖRBE

Handgemachte Strandkörbe vom Feinsten. Eingebaute Hi-Fi-Anlage und Champagnerkühler sind kein Problem. *Am Bahnhof*

GOLDSCHMIEDE EDDA RASPÉ

Insider Tipp

In einem alten Friesenhaus entstehen in dieser urigen Schmiedewerkstatt goldene Kostbarkeiten, kombiniert mit ungewöhnlichen Materialien wie beispielsweise Steinen vom Sylter Strand. *Terpstig 15*

ÜBERNACHTEN

APARTMENTVERMIETUNG LITZKOW

Große Auswahl an schönen Ferienunterkünften mit Garten, unter Reet etc. *Terpstig 25* | *Tel. 460 98 10* | *www.litzkow-sylt.de* | €–€€€

MORSUM KLIFF

Entzückende Zimmer unterm Dach in freier und einsamer Lage des Naturschutzgebiets. *10 Zi.* | *Nösistig 13* | *Tel. 83 63 20* | *Fax 836 32 36* | *www.hotel-morsum-kliff.de* | €€

FREIZEIT & SPORT

FAHRRADVERLEIH

M & M | *Nuurhörn 1* | *Tel. 357 77*

> SÖL'RING

Das Sylter Friesisch droht auszusterben

Alles, was sich auf Sylt mit dem Vorsatz „Friesen-“ schmückt, ist leichter unters Volk zu bringen. Nur bei der Sprache klappt das – zum Leidwesen der Einheimischen – nicht. Ihre friesische Muttersprache, das Söl'ring, hat wohl trotz aller Anstrengungen keine große Zukunft; heute wird es gerade noch von 2000 Syltern gesprochen. Wer versucht, einem friesisch geführten Gespräch zu folgen, wird sich wundern, denn Friesisch ist – genau wie das ungleich leichter zu verstehende Plattdeutsch – nicht etwa ein niederdeutscher Dialekt, sondern eine eigene Sprache. Wer sich näher mit ihr befasst, wird feststellen, wie viele Gemeinsamkeiten es mit dem Englischen gibt: *wai* für Weg, *dai* für Tag oder *meet* für Fleisch. Beide Sprachen entstammen nämlich dem Nordseegermanischen, Deutsch hingegen dem Binnengermanischen. *www.soelring-foriining.de*

AUSKUNFT

TOURISMUS-SERVICE MORSUM
Muasem Hüs | Bahnhofstr. 4 | 25980 Morsum | Tel. 89 07 32 | Fax 89 07 49 | www.morsum.de

MUNKMARSCH

[109 D2] **Der kleine, am Wattenmeer gelegene Ort – heute offiziell zu Keitum**

Wo vor 100 Jahren die Fähre vom Festland anlegte, genießt man heute Gourmetküche

gehörig – war zu seiner Blütezeit der wichtigste Hafen der Insel. Ein paar Häuser, eine Mühle und das 1869 gebaute Fährhaus waren das Erste, was anreisende Gäste von Sylt sahen. Vermutlich machten sie erst einmal drei Kreuze, denn es lag eine beschwerliche Fahrt mit Pferd und Wagen, Zug und Fährschiff hinter ihnen. Nach der Eröffnung des Hindenburgdamms 1927 fiel der Ort in einen Dornröschenschlaf und wurde erst vor Kurzem wieder wachgeküsst: Im alten Fährhaus hielt 1999 eines der Sylter Spitzenrestaurants Einzug, und das dazugehörige Hotel eröffnete 2006 einen neuen, luxuriösen Trakt. Mit Sicherheit wird auch der kleine Seglerhafen bald einem Facelifting unterzogen.

ESSEN & TRINKEN

FÄHRHAUS SYLT
Sterneküche von Alexandro Pape. Im restaurierten Munkmarscher Fährhaus gibt es ein *Gourmetrestaurant* (€€€) und die *Käpt'n-Selmer-Stube (tgl. | €€)* für die etwas preiswertere regionale Küche. *Mittags und Mo, im Winter auch So geschl. | Heefwai 1 | Tel. 939 70*

ZUR MÜHLE

Gutbürgerliche bis kreative Küche, nachmittags selbst Gebackenes, Terrasse mit weitem Blick. *Di geschl.* | *Lochterbarig 24* | *Tel. 38 77* | €€

EINKAUFEN

MARSCHENTÖPFEREI

Für alle, die Friesenblau lieben. Kurios: Hier können Sie Urnen nach eigenen Vorstellungen arbeiten und bemalen lassen. *Munkhoog 47*

ÜBERNACHTEN

ENKELMANN

Schöne Ferienapartments mit Schwerpunkt Munkmarsch. *Munkhoog 43* | *Tel. 93 50 47* | *Fax 93 50 49* | *www.sylt-appartements.de* | €€–€€€

HOTEL FÄHRHAUS MUNKMARSCH

Moderne Anbauten am alten Fährhaus. Anspruchsvolles Wohnen, Wellnessbereich und Beautystudio. *39 Zi.* | *Heefwai 1* | *Tel. 939 70* | *Fax 93 97 10* | *www.faehrhaus-sylt.de* | €€€

FREIZEIT & SPORT

SYLTSPORTIV

Golf-, Segel- und Surfschule im MunkmarscherHafen von Calle Schmidt, Deutschlands erstem Surfer. *Heefwai 4* | *Tel. 93 59 77* | *www.syltsurfer.eu*

AUSKUNFT

TOURISMUS-SERVICE KEITUM

Im Container auf dem Parkplatz am Ortseingang West | *25980 Keitum* | *Tel. 01805/55 79 58* | *Fax 337 37* | *www.sylt-ost.de*

RANTUM

[112 A2] **Rantum dürfte es eigentlich gar nicht geben. Dieses einst „sterbende Dorf" liegt an einer der schmalsten Stellen der Insel, nur rund 600 m trennen hier Wattenmeer und offene Nordsee.** Dieser Luxus, in nur wenigen Schritten „die Seite wechseln" zu können, beschert Rantum alljährlich treue Stammgäste. Sie gehören eher der

> SANDVORSPÜLUNGEN

Der Versuch, das Schrumpfen der Insel zu stoppen

Über Jahrhunderte mussten die Sylter machtlos zusehen, wie ihre Insel immer kleiner wurde. Seit den Siebzigerjahren kennt man eine neue Methode, die jedoch – wie Forscher immer wieder betonen – die Insel nur mittelfristig retten kann, denn das Hauptproblem ist der Anstieg des Meeresspiegels. Um die enormen Sandverluste durch die Sturmfluten auszugleichen, entnimmt man westlich von Sylt gewaltige Sandmengen (2006–2008: 3,8 Mio. m^3) vom Meeresgrund. Diese werden anschließend an den Strand gespült, der nun nicht nur größer und breiter, sondern in seinem Niveau auch einige Meter angehoben wird. Ein teures Polster (2006–2008: 18,3 Mio. Euro, von denen 70 Prozent der Bund trägt, die restlichen 30 Prozent das Land Schleswig-Holstein), das die Kliffkante, also den Festlandsockel, indes nur kurzfristig zu schützen vermag: In Zeiten des Klimawandels und dadurch vermehrt auftretender Stürme muss Jahr für Jahr neu vorgespült werden.

naturverbundenen Fraktion an, denn so traumhaft die Natur hier ist, so ruhig geht es abends im Dorf zu. Im Sommer bestimmen die Gäste das Ortsbild, doch im Winter sind die knapp 500 Ew. unter sich, denn die zahlreichen reetgedeckten Häuser gehören meist Zweitwohnungsbesitzern. Ein kleiner Supermarkt versorgt den Ort mit dem Nötigsten.

Die Zeiten waren nicht immer so einfach. Noch im 19. Jh. war der Untergang prophezeit, nur wenige Bewohner lebten in fünf ärmlichen Hütten am Watt. Sie waren so arm, dass sie den anderen Insulanern auf der Tasche lagen, die ihre Steuern mitzahlen mussten. So verbot man kurzerhand den Zuzug nach Rantum, um dieses „Armennest" nicht noch zu fördern. Die Armut war allerdings nicht selbst verschuldet. Die Einwohner hatten eine jahrhundertelange Flucht vor Wanderdünen und Sturmfluten hinter sich. Vier Mal sahen sie ihre Kirche versinken und bauten sie wieder auf. Immer wieder mussten sie ihre Häuser verlassen, die von Wanderdünen verschüttet wurden.

Deshalb zogen jene, die dem Ort noch nicht den Rücken gekehrt hatten, Anfang des 19. Jhs. an die Wattseite, in die sogenannte Rantum-Inge. Zu den wenigen, die blieben, gehörte Peter Nikolai Lassen, dem die Insel eine schöne Liebesgeschichte verdankt. Er war Norweger, der im Zuge des Krieges Dänemark/Frankreich gegen England 1809 vor Rantum gestrandet war. Bis sein Schiff wieder flott war, lebte er in Rantum und verliebte sich in das schönste Mädchen des Dorfes, Merret Claasen. Ein Jahr später kehrte er zurück, um seine große Liebe zu ehelichen. Wie gern die beiden sich hatten, kann man dem reichen Kindersegen entnehmen – in dieser Ehe wurden 21 Kinder geboren! Die wiederum bescherten ihren Eltern über 90 Enkelkinder, sodass heutzutage fast jeder Sylter irgendwie mit den Lassens verwandt ist. Im Ort weist der Merret-Lassen-Wai auf die Familie hin, deren Haus bis vor Kurzem noch in dieser Straße stand. Die tragische Rantumer Geschichte kann man immer donnerstags auf einer *Dorfführung (Auskunft: Kurverwaltung | Tel. 807 77)* nacherleben.

Wat mutt, dat mutt:
Eine Wattwanderung ist Pflicht

Weniger romantisch sind die großen Kasernenbauten am Ortseingang. Heute sind hier Jugend- und Erholungsheime untergebracht, die mit 1200 Betten einen nicht unerheblichen Wirtschaftsfaktor darstellen. Die in den Dreißigerjahren erbaute Anlage war ein Seefliegerhorst. Um ideale Landebedingungen für die Wasserflugzeuge zu schaffen, hatte man die Steidumbucht eingedeicht.

Das so entstandene *Rantumbecken* wurde 1962 als Europareservat unter Schutz gestellt und ist zusammen mit dem angrenzenden Wattenmeer Brutgebiet und Rastplatz für viele (Zug-) Vögel – und ein Kleinod für alle Ornithologen (Führungen sind in Planung – aktuelle Informationen bei der Touristeninformation Rantumerfragen). Insider Tipp Den 9 km langen Deich zu Fuß oder per Rad zu erkunden ist aber auch ohne Führung für jeden ein Erlebnis. Man vernimmt nur das Rufen der Vögel und das Blöken der Schafe unter einem unendlichen Sylter Himmel, der hier doppelt so groß scheint, weil er sich im stillen Watt spiegeln kann.

Auf dem Weg zum Deich kommt man durch das Rantumer Gewerbegebiet, in dem sich einige nette Läden einquartiert haben. Hier findet man auch die mittlerweile bundesweit bekannte Sylt-Quelle. Nicht nur die Architektur, auch das Kulturprogramm ist sehens- und hörenswert. Die Mineralwasserfirma mausert sich langsam zu einem Sylter Kulturzentrum *(www.sylt-quelle.de)*. 2009 eröffnete hier auch das schicke, unprätentiöse Bistro *Genussraum (im Winter Mo geschl. | Tel. 92 03 20 | www.genussraum.info | €€)*.

ESSEN & TRINKEN

COAST

Geschmackvoll eingerichtet und mit phantasievoller, engagierter Küche. Gartenterrasse mit kleinem Kinderspielplatz. *Tgl. | Stiindeelke 1 | Tel. 15 51 | www.restaurant-coast.de | €€€*

Das Blöken der Lämmer: unterwegs auf dem Deich des Rantumbeckens

Insider Tipp

RICHTER'S

In exponierter Lage am Ortseingang gibts bei Lars und Daniel Richter eine junge, frische Küche mit vielen regionalen Produkten. Ständig wechselnde Tageskarte. Terrasse und Garten mit Strandkörben. *Mo geschl.* | *Hörnumer Str. 5* | *Tel. 995 48 10* | *www.richters-sylt.de* | €€

SANSIBAR ★

Die „Hütte in den Dünen“ ist seit Jahren in aller Munde. Gästemangel kennt man nicht, eher das Gegenteil. Hier feiert regelmäßig nicht nur die Prominenz. Freundlicher Service, gute Portionen, sensationeller Weinkeller (Insider Tipp) und exzellentes Frühstücksbuffet (15 Euro). Reservieren! *Tgl.* | *Hörnumer Str.* | *Strandübergang Sansibar* | *Tel. 96 46 46* | *www.sansibar.de* | €–€€€

SÖL'RING HOF ★

Johannes King, der 2009 wiederum zwei Michelinsterne verliehen bekam, zelebriert in seiner offenen Küche feine klassische Küche. Das elegante Restaurant (50 Plätze) bildet mit einer Luxusherberge für nur 30 Personen ein reetgedecktes Ensemble mit Nordseeblick mitten in den Dünen. *Mittags und So geschl.* | *Am Sandwall 1* | *Tel. 83 62 00* | *www.soelring-hof.de* | €€€

TADJEM DEEL

Man glaubt nicht, auf Sylt zu sein. In dieser Holzbude versucht man es zum Glück gar nicht erst mit Schickimicki. Reelle Küche und ebensolche Preise. Die Makrelen werden im Sommer selbst geangelt. *Ostern–Okt. tgl.* | *Hörnumer Str.* | *Strandübergang Tadjem Deel* | *Tel. 231 61* | €–€€

EINKAUFEN

SANSIBAR DEPOT

Längst hat sich um die Kulthütte ein reges Marketing entwickelt, mit Fanartikeln von Olivenöl über Boxershorts bis zum Fahrrad. Viele davon kann man im Depot käuflich erwerben. Direkt daneben gibt es im *Sansibar-Outlet* viele Artikel für die Hälfte. (Insider Tipp) *Hafenstr. 6 und 9*

Johannes King: Chef(-Koch) im Söl'ring Hof

RANTUM

SYLT-STRANDKÖRBE

Einen echten Sylter Strandkorb für zu Hause, wär das nichts? Willy Trautmann fertigt auch Sonderwünsche an. *Hafenstr. 10*

ÜBERNACHTEN

ALTE STRANDVOGTEI

Das Stammhaus der berühmten Lassen-Familie ist 2009 einem schönen Neubau im Friesenstil gewichen. Tolle Lage am Watt, Schwimmbad, Wellnessbereich und eine Dependance mit acht Apartments. *7 Zi., 12 Suiten | Merret-Lassen-Wai 6 | Tel. 922 50 | Fax 291 57 | www.alte-strandvogtei.de* | €€–€€€

DORFHOTEL

2007 eröffnete diese auf der Insel u. a. wegen ihrer Dimensionen nicht unumstrittene, für Familien mit Kindern gedachte Apartmentanlageam Rantumbecken neben der Sylt-Quelle. Mit Schwimmbad, Wellnessoase und zwei Restaurants. *159 Apartments | Hafenstr. 1 a | Tel. 460 90 | www.dorfhotels.eu* | €€–€€€

HAUS HANSEAT

Insider Tipp

Kleines, 2007 eröffnetes Hotel in den Dünen mit 14 Nichtraucherzimmern in friesisch-modernem Stil. Zwei Saunen. Angenehme persönliche Atmosphäre. *Dünem Wai 2 | Tel. 232 56 | Tel. 284 31 | www.hotel-haushanseat-sylt.de* | €

ROSE & ROSE

Schöne Apartments und Ferienwohnungen von Mittelklasse bis Luxus. *Stiindeelke 1 | Tel. 282 91 | Fax 282 35 | www.rose-rose.de* | €€–€€€

WATTHOF

Reetgedecktes Anwesen gleich hinter dem Deich. Individuelle und freundliche Atmosphäre mit tollem Blick übers Watt. Schwimmbad, zwei Saunen. Restaurant *Schaper's (mittags und Di geschl. | €€€)* mit sehr guter, kreativer Küche. *23 Zi., 11 Suiten |*

Insider Tipp

> BLOGS & PODCASTS

Gute Tagebücher und Files im Internet

- > *www.podcast.de* – Unter dem Suchbegriff „Sylt" und „Sendung" finden Interessierte hier aktuelle Radiobeiträge, z.B. über Algenzucht auf Sylt oder „Fischkönig" Jürgen Gosch.
- > *www.sylt-exklusiv.de* – Liefert Woche für Woche die zwar etwas bieder daherkommenden, aber stets aktuellen Inselnachrichten in Ton und Bild.
- > *www.syltikat.de* – Übersichtlich und nett gemacht, nicht immer topaktuell, aber nicht ohne Witz ist dieser „Hörnblog".
- > *www.syltisch.de* – Wer wissen will, was junge Sylter so über ihre Insel denken, könnte bei diesem noch recht übersichtlichen, aber entwicklungsfähigen Blog fündig werden.
- > *www.sylt-blog.info* – Sylt erfrischend unkorrekt betrachtet, mal ernst, mal witzig. Manches auch als Podcast-Filmchen.

Für den Inhalt der Blogs & Podcasts übernimmt die MARCO POLO Redaktion keine Verantwortung.

Alte Dorfstr. 40 | Tel. 80 20 | Fax 802 22 | www.watthof.de | €€€

FREIZEIT & SPORT

FAHRRADVERLEIH

Fahrradverleih Rantum | Stiindeelke 1 | Tel. 0170/327 20 76

STRÄNDE

Elf Strandübergänge, verteilt auf 12,5 km Strandlänge. Die Übergänge Samoa und Sansibar sind für FKK- und Hundefreunde, *Strandsaunen (Ostern–Okt. | Tel. 83 41 86 | 14 Euro; ganzjährig | Tel. 95 79 42 | 14 Euro)* gibt es an den Übergängen Campingplatz und Samoa.

AUSKUNFT

TOURISMUS-SERVICE RANTUM

Strandstr. 7 | 25980 Rantum | Tel. 807 77 | Fax 807 66 | www.rantum.de

TINNUM

[108 C3–4] **Bei Tinnum denken die meisten nur an das Gewerbegebiet von Sylt. Das ist nicht falsch, tut der kleinen Gemeinde (2900 Ew.) aber insofern unrecht, als man abseits der Hauptstraßen Wiesenidylle und schöne alte Friesenhäuser findet.** Tinnum war über Jahrhunderte Sitz der Landvögte, die sozusagen die kleinen Könige von Sylt waren. Wer in Tinnum seinen Urlaub verbringt, wohnt strategisch günstig: Die Wege sind kurz, und hier ist es sehr viel preiswerter als anderswo. Insider Tipp

SEHENSWERTES

TINNUMBURG

Ein wenig nebulös ist die Geschichte dieser Sylter „Burg". Es ist nur ein einfacher Ringwall, aber immerhin

Auf Rantums endlos langem Strand finden Spaziergänger manches hübsche Souvenir

einer der ältesten in Schleswig-Holstein, dessen Innerstes vermutlich einst ein wichtiger Kultplatz war. Später wurde der Wall offensichtlich als Schutzbau genutzt. Es kann aber auch eine Zwingburg der Dänen gewesen sein, die von hier aus versuchten, den Sylter Friesen Geld abzupressen. Dazu würde die Vermutung passen, der Ortsname Tinnum komme von *tinhem* = Zinsheim.

ESSEN & TRINKEN

ALDENTE

Kinderfreundliches Restaurant, Bistro und „Pizzacafé" mit vorwiegend spanischen Gerichten, auch Tapas. Dazu Pizza und Pasta. Regelmäßig Specials mit Eventcharakter für die Kids. *Tgl. | Kiarwai 7 | Tel. 93 66 36 | €*

ZUR EICHE

Insider Tipp

Ein richtiger Dorfgasthof! Hier feiern die Sylter, halten ihre Versammlungen ab, trinken Bier und essen beste gutbürgerliche Küche. *Mi geschl. | Zur Eiche 38 | Tel. 311 44 | €–€€*

LANDHAUS STRICKER
Sternekoch Holger Bodendorf zaubert im 200-jährigen, aber neu durchgestylten Friesenhaus. Hohe Tafelkultur im *Bodendorf's (Di/Mi und mittags geschl.)*, in der *Tenne (tgl.)* verfeinerte Regionalküche. *Boy-Nielsen-Str. 10 | Tel. 889 90 | €€€*

ÜBERNACHTEN

HOTEL CHRISTIANSEN
Schlicht, aber nett geführt, leider direkt an der Bahn. *21 Zi. | Zur Eiche 32 | Tel. 93 00 | Fax 93 01 28 | www.hotelsylt.de | €–€€*

LANDHAUS STRICKER
2002 eröffnete diese Luxusherberge mit eleganten und großen Zimmern und umfangreichem Wellnessbereich. *17 Zi., 21 Suiten | Boy-Nielsen-Str. 10 | Tel. 889 90 | Fax 889 94 99 | www.landhaus-stricker.de | €€€*

Einer von rund 8600: Ein Strandkorb bietet Wind-, Sonnen-, Regen- und Blickschutz

FREIZEIT & SPORT

FAHRRADVERLEIH
Krtschek (Südhörn 17 | Tel. 326 26); M & M (Dirkstr. 65 | Tel. 357 77); Abbe's (Zur Eiche 16 | Tel. 352 58); Velo-Quick (An der Startbahn 5 | Tel. 215 06)

WIRBELWIND
Engagiertes Rücken- und Sportzentrum mit Sauna. *Keitumer Landstr. 46 | Tel. 836 22 66*

> www.marcopolo.de/sylt

AUSKUNFT

TOURISMUS-SERVICE TINNUM

Dirksstr. 11 | 25980 Tinnum | Tel. 98 37 11 | Fax 98 37 17 | www.tinnum.de

WENNINGSTEDT

KARTE AUF SEITE 73

[106 A5–6] **Eine noch grandiosere Lage hoch oben auf dem Roten Kliff bietet kein Ort auf Sylt. 30 m Steilkante und ein traumhafter Blick auf den unendlich scheinenden Strand.** Nur eine gewaltige Treppenkonstruktion mit fast 80 Stufen ermöglicht den Zugang. Wofür man sich als Gast begeistert, ist für die gut 2000 Wenningstedter eine teure Angelegenheit: Regelmäßig werden Treppe, Kliff und Strand bei Sturmflut arg in Mitleidenschaft gezogen.

Wer im Winter auf die Insel reist und solche Naturgewalten erlebt, wird beeindruckt sein. Die tosende Nordsee begräbt den Strand unter sich und dringt manchmal bis zum Kliff vor. Im schlimmsten Fall räumen die Wellen so viel Material aus, dass Hohlräume am Klifffuß entstehen, es instabil wird und abbricht. So wurden über Jahrhunderte gewaltige Landflächen fortgespült, die Insel wurde immer schmaler. Heute kann man die Küste glücklicherweise durch Sandvorspülungen weitgehend schützen.

Wenn man als Sommergast durch die Straßen schlendert, ahnt man von solchen Problemen nichts. Kleine Hotels und Pensionen und viele Ferienwohnungen prägen das Ortsbild. Während andere Orte auf Sylt noch ihre spezielle Zielgruppe suchen, hat sich Wenningstedt längst zum Familienbad gemausert. Moderate Preise, ein Campingplatz und zahlreiche Freizeitangebote für Kinder haben das Ihre dazu beigetragen, und man darf gespannt sein, ob das auf der brachliegenden Fläche am Kliff geplante Haus des Gastes eine zum Ort passende touristische Attraktion wird. Ende 2009 soll der Bau losgehen.

> DÜNENSCHUTZ

Schon ein Trampelpfad kann der Anfang vom Ende sein

Die Syltwerbung lebt von spektakulären Naturaufnahmen insbesondere großartiger Dünenlandschaften. So erstaunt es nicht wenige, dass diese Landschaft nur auf den offiziellen Wegen betreten werden darf. Querfeldein zu laufen ist verboten – auch wenn die vielen Trampelpfade anderes suggerieren –, da alle Dünen auf Sylt unter Schutz stehen. Ihre sensible Vegetation reagiert äußerst empfindlich und wird durch Tritte nachhaltig geschädigt. Die harmlos wirkenden Trampelpfade führen bei kräftigen Winden zu Auswehungen, weil keine Wurzel die Sandkörner mehr zusammenhält. Diese Schneise nimmt nach und nach auch den Nachbarpflanzen die Lebensgrundlage, und im schlimmsten Fall wird die Düne, ihrer Vegetation beraubt, zur Wanderdüne. Im Küstenbereich sind Dünen ohne Vegetation ein Spielball der Wellen.

Früher war Wenningstedtein armer Flecken. Wenn man allerdings den Sagen Glauben schenken darf, dann war einer der Vorläufer um das Jahr 450 der bedeutende Friesenhafen Wendingstadt. Später versank der blühende Ort bei einer verheerenden Sturmflut. Die wenigen Überlebenden gründeten eine neue Siedlung fernab vom Meer. Diese Gründung lag vermutlich am Dorfteich, wo heute noch die ältesten und schönsten Häuser des Orts zu finden sind.

SEHENSWERTES

DENGHOOG ★

Dieses größte Steingrab Nordwesteuropas, ein Ganggrab, ist vermutlich über 5000 Jahre alt. In die ovale Grabkammer (5 m lang, 3 m breit, 1,80 m hoch) kann man durch den schmalen Gang oder durch ein Loch in der Decke einsteigen. Man fragt sich, wie die damaligen Bewohner die gewaltigen Findlinge überhaupt bewegen konnten. Der „Grabwächter" an der Kasse kann mehr erzählen. *Ostern–Okt. Mo–Fr 10–17, Sa/So 11 bis 17 Uhr, Nov.–Ostern Do 13–14 Uhr und n. V. | Tel. 0170/697 16 87 | 2,50 Euro*

DORFTEICH

Ein Sylter Idyll: Etwas versteckt liegt der alte Ortskern am Dorfteich, dem größten stehenden Gewässer der Insel. Hier finden Sie die alten Friesenhäuser des Orts und die wohl schönste Tür Nordfrieslands im *Commandeur-Teunis-Haus*. Am Dorfteich steht die Kirche, Friesenkapelle genannt, dahinter der Denghoog.

Insider Tipp

ROTES KLIFF ★

Nach Helgoland ist das Rote Kliff (wenn die Sonne im Westen rot

> BÜCHER & FILME

Inselgeschichten auf Papier und Zelluloid

- > **Nah am Wasser** – Der jüngste Syltkrimi des gebürtigen Insulaners Jörn Ingwersen basiert auf einer wahren Begebenheit aus den Siebzigerjahren.
- > **Sahnestücke** – Eine Sammlung der schönsten Satiren des beliebten Inselkabarettisten Manfred Degen.
- > **Mein Sylt** – Eine „Liebeserklärung an einen magischen Ort", sagt Autor Fritz J. Raddatz über sein Buch. Mit Fotos von Karin Szekessy.
- > **Das große Sylt-Buch** – Alles Wissenswerte über die Insel, dazu wunderbare Fotos auf 395 großformatigen Seiten, das Ganze „komponiert" von Hans Jessel.
- > **Sylt – Geschichte einer deutschen Insel** – Eine filmische Dokumentation von Fabian Döring und Karsten Wohlrab in Kooperation mit dem NDR, die 100 Jahre Sylter Historie fesselnd aufarbeitet, aber auch bildschöne Inselimpressionen zu bieten hat.
- > **Ghost** – 2009 drehte Roman Polanski Teile seines neuen Films (nach dem Roman von Robert Harris) am Lister Hafen, auf dem Ellenbogen und auf der Rømø-Fähre. Syltfans können im Kino raten, was wo ist, denn die Drehorte wurden zu Schauplätzen auf der amerikanischen Urlaubsinsel Martha's Vineyard umgewandelt.

Im Denghoog: miträtseln, wie einst die riesigen Steine bewegt wurden

untergeht, ist es tatsächlich rot!) zwischen Wenningstedtund Kampen die beeindruckendste deutsche Steilküste an der Nordsee. Das Lockermaterial ist eine Aufschüttung (Moräne) der Saale-Eiszeit. Die weiche Konsistenz kann den Sturmfluten nichts entgegensetzen, sodass es immer wieder zu spektakulären Abbrüchen kommt.

ESSEN & TRINKEN

ADMIRALS STUBEN

Das Restaurant im Lindner Hotel Windrose ist gut! Freundlich-aufmerksamer Service, gemütliches Ambiente. *Tgl. | Strandstr. 19 | Tel. 94 08 21 | www.lindner.de* | €€

FITSCHEN AM DORFTEICH

Das Ehepaar Fitschen beglückt seine Gäste am Wenningstedter Dorfteich mit regionaler und schwäbischer Küche. Gartenterrasse. Auch acht Zimmer und Suiten (€€–€€€). *Mitte Sept. bis Mitte Juli Di geschl. | Am Dorfteich 2 | Tel. 321 20 | www.fitschen-am-dorfteich.de* | €€€

MEERESBLICK

Das nette Caférestaurant liegt zentral an der Promenade. Küche von leicht bis deftig, von Erbsensuppe bis Dorade. *Tgl. | Strandstr. 26 | Tel. 444 22* | €€

STRANDHÖRN'S OLIVE

Dirk Lässig hat für seine Kochkünste schon mal einen Stern bekommen, und auch heute noch ist seine Küche hervorragend. Im Bistro (€) gibts schon ab mittags kulinarische Kleinigkeiten zu günstigen Preisen. *Mi geschl. | Dünenstr. 20 | Tel. 945 00* | €€€

TAMPE'S

Ob Scholle, Kalbsbries oder Lammkarree – Norbert Tampe versteht sein Handwerk. Abwechslungsreiche Küche, günstige Weine. *Mi geschl. | Westerlandstr. 12 | Tel. 426 53* | €€

WONNEMEYER

In diese Strandhütte kommt man nur zu Fuß! Sie hat sich trotzdem (oder deshalb?) zum Intreff gemausert.

Kinderfreundlich, gute Musik, Traumlage. *Tgl.* | *Am Strand 1* | *FKK-Strand Nord* | *Tel. 452 99* | *www.wonnemeyer.de* | €€

ÜBERNACHTEN

GARTENHOTEL WENNINGSTEDT

Nettes Hotel garni, Zimmer in frischem Design, Hallenbad und Sauna, ruhig. *13 Zi.* | *Lerchenweg 10* | *Tel. 946 20* | *Fax 94 62 10* | *www.gartenhotel.de* | €€

LINDNER HOTEL WINDROSE

Die schöne Hotelanlage nur wenige Schritte vom Strand entfernt wartet mit komfortablen Zimmern, einem Wellnessbereich und mehr auf. *81 Zi., 9 Suiten* | *Strandstr. 19* | *Tel. 94 00* | *Fax 94 08 77* | *www.lindner.de* | €€–€€€

STRANDHÖRN

Ein First-Class-Haus mit großzügigem Wellnessbereich. *13 Zi., 16 Suiten* | *Dünenstr. 20* | *Tel. 945 00* | *Fax 457 77* | *www.strandhoern.de* | €€€

ULENHOF

35 Wohnungen unter Reet in zwei Anlagen. Schwimmbad und Wellness, hervorragendes Preis-Leistungs-Verhältnis. Ideal für Gäste ohne Kinder. *Friesenring 14* | *Tel. 945 40* | *Fax 94 54 31* | *www.ulenhof.de* | €–€€

VILLA KLASEN

2009 größtenteils renoviertes Hotel in hübscher alter Villa 300 m vom Strand. Persönlich geführt, familiäre Atmosphäre. *20 Zi.* | *Westerstr. 16* | *Tel. 410 95* | *Fax 421 35* | *www.hotel-villa-klasen.de* | €–€€

HOTEL WIESBADEN

Ein Urlaubshotel für Romantiker in ruhiger, zentraler Lage. Sehr gepflegt, persönliche Atmosphäre. *15 Zi.* | *Hochkamp 8* | *Tel. 984 40* | *Fax 98 44 34* | *www.hotel-wiesbaden-sylt.de* | €€

Das Wonnemeyer ist wie die ganze Insel: lässig und unkompliziert – aber natürlich schick

FREIZEIT & SPORT

FAHRRADVERLEIH

M & M (Hauptstr. 8–14 | Tel. 357 77); Holst (Osterweg 22 | Tel. 433 15); Fahrrad-Konzept (Hauptstr. 28 | Tel. 466 43); Leksus (Westerstr. 20 und Hauptstr. 8 | Tel. 483 50 00)

STRÄNDE

Der fast 3 km lange Wenningstedter Strand hat im nördlichen Abschnitt eine Zone für Hunde und FKK. Für Surfer ist der Übergang Trampolinplatz.

AM ABEND

KLIFFKIEKER ▶▶

Direkt auf dem Kliff. In der Saison „Danz op de Deel" am Abgrund. *Strandstr. 24*

SEAGULL-BAR

Wers etwas ruhiger mag, geht in die heimelige Bar vom Hotel Windrose.

Von So bis Do Happy Hour von 18 bis 19 und von 22 bis 23 Uhr: jeder Cocktail 5 Euro. *Strandstr. 21*

AUSKUNFT

TOURISMUS-SERVICE WENNINGSTEDT
Am Campingplatz | Osetal 5 | 25996 Wenningstedt | Tel. 44 70 | Fax 447 40 | www.wenningstedt.de

ZIMMERNACHWEIS
Westerlandstr. 3 | Tel. 989 00 | Fax 457 72

WESTERLAND

KARTE IN DER HINTEREN UMSCHLAGKLAPPE

[108 B1–3] **(Ich will zurück nach) „Westerland" heißt ein Hit der Band „Die Ärzte". Wer das erste Mal nach Westerland kommt, wird diese Sehnsucht kaum nachvollziehen können.** Die Sechziger- und Siebzigerjahre-Architektur im Innenstadtbereich wird von vielen als eine einzige Bausünde empfunden. Das Angebot der Fußgängerzone wird zunehmend beherrscht von den Filialen großer Ladenketten und unterscheidet sich immer weniger vom Einkaufseinerlei anderer deutscher Städte. Ungewöhnlich sind da schon eher die zahlreichen Straßencafés, Imbisslokale und Fischbistros, deren Gerüche aber auch nicht gerade echtes maritimes Flair verbreiten.

So viel auch über die Sylter Metropole, in der ungefähr 9300 der 22 000 Insulaner leben, geschimpft wird – keiner möchte sie wirklich missen. Wenn im Winter die meisten Orte wie ausgestorben wirken, merkt man hier, dass es noch Leben gibt. Und wer im Sommer das Spiel „Sehen und Gesehenwerden" spielen möchte, ist nirgends besser aufgehoben als auf der Westerländer Promenade und in den Fußgängerzonen, wo abends Gaukler, Musikgruppen und alle möglichen (Klein-)Künstler das Publikum unterhalten.

Die Gründungsväter des Bads haben mit dieser Entwicklung sicher nicht gerechnet, als sie 1855 immerhin 98 (!) Kurgäste begrüßen durften. Doch schon um 1900 war Westerland nicht nur das mondänste Bad an der deutschen Nordseeküste, sondern auch das fortschrittlichste: Die prüde Regel, Damen und Herren nur in weit voneinander getrennt liegenden Strandabschnitten baden zu lassen, wurde aufgehoben, in Westerland durften die Familien doch tatsächlich zusammen in die Fluten steigen. Die aufgeregte Diskussion in den damaligen Gazetten belegt, dass einer ähnlichen Strafe, wie sie Sodom und Gomorrha ereilte, durchaus realistische Chancen eingeräumt wurden.

Der steile Aufstieg – mittlerweile besuchten jährlich 25 000 Gäste das Bad – wurde jäh vom Ersten Weltkrieg unterbrochen. Und wenn auch in den goldenen Zwanzigerjahren ein wenig Glanz auf Westerland fiel, ist heute unübersehbar, dass die Stadt nach dem Zweiten Weltkrieg nicht mehr an ihre alten Erfolge anknüpfen konnte. Das entsprechende Publikum, zu dem auch viele Juden gehörten, gab es einfach nicht mehr.

In den Sechzigerjahren wandelte sich das Gesicht Westerlands entscheidend, als man, vom Fortschrittsglauben beseelt, die schönen alten Jugendstilhotels und Logierhäuser in Bäderarchitektur abriss, um Platz für das moderne Kurzentrum und das Wellenbad zu schaffen. Nur einer Bürgerinitiative ist zu verdanken, dass es nicht noch schlimmer kam. Ein gigantischer Apartmentblock – 25 Geschosse und 750 Wohneinheiten! – namens Atlantis ging noch in der Planungsphase unter.

Was dem Künstler „Reisende Riesen", sind den Einheimischen nur „grüne Männchen"

Heute ist Westerlands Publikum eine bunte Mischung aus den alten Stammgästen (die nach 50 Jahren Treue längst die Ehrenkurkarte besitzen) bis zu ganz jungen Leuten, die schon mal anreisen, nur um eine Nacht durchzufeiern. Dieser Kontrast führt manchmal zu Konflikten, ist im Grunde aber eine wohltuende Belebung für die Stadt. Mittlerweile wird vieles restauriert, und glücklicherweise hat sich auch die Deutsche Bahn überzeugen lassen, dem Bahnhof ein neues Flair zu verpassen. Das 1927 eingeweihte Bahnhofsgebäude wurde aufwendig erneuert. Ob die seit 2001 auf dem Vorplatz stehenden „Reisenden Riesen im Wind" (im Volksmund grüne Männchen genannt) zu dem Ensemble passen, darüber wird tagtäglich vor Ort heftig debattiert.

SEHENSWERTES

ALT-WESTERLAND [U C4]

Wer am Bahnhof nicht den Weg zur Friedrichstraße einschlägt, sondern die entgegengesetzte Richtung wählt, den führt der Kirchenweg zur kleinen Kirche *St. Niels.* Zufällig hierher Verirrte werden kaum glauben, noch in Westerland zu sein. Geduckte Friesenhäuser und kleine Fußwege – die letzten Reste des alten Dorfs, das von den Eidumern gegründet wurde, die fast alles in der Sturmflut von 1436 verloren. So weit weg vom Meer wie nur irgend möglich sollte der neue Ort entstehen, der bald Westerland genannt wurde. Als man 1635 die Kirche aus den Resten des Eidumer Gotteshauses baute, lag sie noch 3 km vom Meer entfernt. Wer heute die Strecke abläuft, benötigt nur noch 1200 Schritte! Entdecken Sie die Stadt auf einer *Führung (Sa 10 Uhr | Treffpunkt am Tourismus-Zentrum | Stephanstr. 6 | 6 Euro)* oder auf einem Spaziergang durchs Kurviertel und entlang der Promenade.

Insider Tipp

FRIEDHOF DER HEIMATLOSEN [U A5]

Zahllose Schiffsstrandungen vor Sylt besiegelten das Schicksal ungezählter Seefahrer, deren Leichen oft an den Strand gespült wurden. Lange Zeit wurden sie einfach in der nächsten Düne verbuddelt. Erst 1854 wurde ein Friedhof angelegt. *Käpt'n-Christiansen-Str./Elisabethstr.*

SYLT-AQUARIUM [U A6]

„Eine Welt – zwei Ozeane" lautet der Slogan. Gemeint sind die Nordsee und die tropische Meereswelt, die in 25 Becken anschaulich präsentiert werden. Die beiden größten Becken – die „Korallenwelt" fasst ca. 5000 hl, „Helgoland" 1700 hl Wasser – kann man jeweils durch einen 10 m langen Tunnel aus Acrylglas unterqueren. Das Wasser kommt über eine Pipeline direkt aus der Nordsee. Schaufütterungen und viele Sonderaktionen. *Tgl. 10–19 Uhr | 12 Euro | Gaadt 33 | www.syltaquarium.de*

ESSEN & TRINKEN

ALTE FRIESENSTUBE [U B5]

Im ältesten Haus von Westerlandisst man im historischen Ambiente friesische Spezialitäten, die auf einer plattdeutschen Speisenkarte annonciert werden. Für stimmungsvolle Abende. *Mo geschl. | Gaadt 4 | Tel. 12 28 |* €€

ALTES ZOLLHAUS ▶▶ [U B5]

Hier geht es angenehm locker zu. Man muss nicht unbedingt die ambitionierte Bistroküche genießen, man kann auch nur auf ein Glas Wein vorbeischauen. *Mo geschl. | Boysenstr. 18 | Tel. 444 43 | www.altes-zollhaus-sylt.de |* €€

BISTRO STADT HAMBURG [U B4]

Lichte, freundliche Räume in Sonnengelb, passend zur leichten mediterranen Küche – die Alternative zum Gourmetrestaurant. *Tgl. | Strandstr. 2 | Tel. 85 80 |* €–€€

Wem die Brise draußen zu steif ist, der spaziert in die tropische Meereswelt: Sylt-Aquarium

CAFÉ ORTH [U A4]

Eine Institution: Wer hier noch nie auf der Veranda bei Pharisäer und Friesentorte saß, um die Vorbeiflanierenden fachmännisch zu kommentieren, der kennt Westerland nicht. *Tgl. | Friedrichstr. 30 | Tel. 72 12 | €*

Insider Tipp **CULINARIUM** [U A4]

Lounge und elegantes Bistro. Ständig wechselnde Karte. Probieren Sie den Antipasti-Teller, er ist erstklassig! Hervorragende Weinauswahl. *Im Winter So geschl. | Strandstr. 6 | Tel. 92 95 18 | www.thomastimm-sylt.de | €€*

FRANZ GANSER [U B5]

Elegante, intime Atmosphäre und sehr gute Küche im Herzen von Westerland. *Di–Mittag und Mo geschl. | Bötticherstr. 2 | Tel. 229 70 | www.ganser-sylt.de | €€–€€€*

HARDY AUF SYLT [U B2]

Das Restaurant im Rundhaus unter Reet wird seit 20 Jahren vom Elsässer André Speisser und seiner Frau geführt und ist eine Inselinstitution. Die natürlich französisch geprägte Speisekarte besticht. *Mo und mittags geschl. | Norderstr. 65 | Tel. 227 75 | www.hardyaufsylt.de | €€*

JÖRG MÜLLER [U B5]

Sternekoch Jörg Müller kann sich vor Auszeichnungen kaum retten, er ist *die* Kochinstitution der Insel. Im *Pesel* (€€€) gibt es gehobene regionale Küche, im Restaurant wird die Grande Cuisine zelebriert. Perfekter Service. *Mittags und Mo, Pesel Di-Mittag und Mo geschl. | Süderstr. 8 | Tel. 277 88 | www.hotel-joerg-mueller.de | €€€*

RÄTZKE'S RESTAURANT [U B5] Insider Tipp

Frische, saisonal geprägte Küche (auch Vegetarisches) – auf Schiefertafeln steht, was es heute gibt. Das alles in ungezwungener Atmosphäre und dazu gute und günstige Weine. *Mittags und Mi geschl. | Gaadt 7 | Tel. 231 11 | €–€€*

REINERS OSTERIA [108 A4]

Auf dem WesterländerCampingplatz am Ortsende Richtung Rantum residiert eines der witzigsten und lockersten Restaurants der Insel. Große Portionen in gusseisernen Pfannen. *Tgl. | Fischerweg 32 | Tel. 298 19 | €€*

SYLTER BÜRGERSTUBEN [U A–B5]

Gutbürgerliche Küche zu reellen Preisen in gemütlichem Ambiente. *Okt. bis Juli Di geschl. | Bismarckstr. 11 a | Tel. 15 55 | €–€€*

WEB-CHRISTEL [U B5]

Unter einem schnuckeligen Reetdach kommt ganz entspannt in friesisch-gemütlichem Ambiente solide regionale Küche von Ente bis Seeteufel auf den Tisch. Köstliche Kalbsleber! *Mittags und Mi geschl. | Süderstr. 11 | Tel. 229 00 | www.sylt-restaurant.de | €€–€€€*

EINKAUFEN

Die Haupteinkaufsstraßen sind die Fußgängerzonen Friedrichstraße und Strandstraße sowie die Querverbindungen zwischen ihnen.

CAFÉ WIEN [U A4]

Die Chocolatiers des allseits bekannten Cafés verkaufen direkt nebenan ihre sage und schreibe 282 Sorten cremig schmelzender Schokotafeln. Insider Tipp

Strandstr. 13 | www.sylter-schokoladenmanufaktur.de

DRACHENHÖHLE [U B4]

Drachen in allen Formen und Größen und für alle Schwierigkeitsgrade. Dazu Wind- und andere Spiele. *Friedrichstr. 6 | www.drachenhoehle-sylt.de*

Insider Tipp KLEINES KAFFEELAGER ▶▶ [U B4]

Endlich ist der Kontrapunkt zu den allgegenwärtigen Sylter Teeläden gesetzt! Und: Jede Sorte gibts auch im Ausschank – bis hin zum raren „Schleichkatzenkaffee". Dazu eine kleine, feine Auswahl von Pralinen, Petit Fours und Schokoladen. *Paulstr. 5 b | www.kleineskaffeelager.de*

PRALINÉ [U A4]

Feine Pralinen und individuelle Syltmitbringsel. *Strandstr. 6*

TEEHAUS ERNST JANSSEN [U A4]

Der beste Platz für gute Teemischungen und Friesentee. Außerdem interessante Teeseminare und Vorträge. *Strandstr. 28*

WOCHENMARKT [U B4]

Frische Produkte von der Insel, aber auch vom nordfriesischen Festland. *Sa (in der Saison auch Mi) 7–13 Uhr | Rathausvorplatz*

ÜBERNACHTEN

HOTEL DIANA [U A5]

Unkonventionell geführtes Nichtraucherhaus in zentraler Lage, das sich auf Einzelreisende spezialisiert hat. Einfache Ausstattung. *31 Zi. | Elisabethstr. 19 | Tel. 988 60 | Fax 98 86 86 | www.singlehotel-sylt.de* | €

DIKJEN DEEL [108 A5]

2004 eröffnete die dritte Jugendherberge auf Sylt. Sie liegt mitten in den Dünen am Meer, südlich von Westerlandauf halber Strecke nach Rantum. *114 Betten, 2 Zeltplätze | Fischerweg 36–40 | Tel. 835 78 25 | Fax 835 78 26 | www.djh-nordmark.de* | €

DÜNENBURG [U A4]

Nur wenige Schritte, und Sie sind am Strand. Renovierte Zimmer, bemerkenswertes persönliches Engagement und ein für die Lage sehr gutes Preis-Leistungs-Verhältnis. Insider Tipp *34 Zi. | Elisabethstr. 9 | Tel. 822 00 | Fax 243 10 | www.duenenburg.de* | €€

HOTEL GUTENBERG [U A4]

Mitten in der Friedrichstraße liegt dieses hübsche Gebäude aus der Blütezeit der Bäderarchitektur mit 29 renovierten, gemütlichen Zimmern. Garage hinterm Haus. *Friedrichstr. 27 | Tel. 988 80 | Fax 98 88 88 | www.hotel-gutenberg.de* | €–€€

LONG ISLAND HOUSE [U B5] Insider Tipp

Außen schlicht, innen aber Designhotel, Baujahr 2005. Individuell eingerichtete Zimmer im modernen amerikanischen Landhausstil. Zentrale, aber ruhige Lage; mit Garten. *10 Zi. | Eidumweg 13 | Tel. 995 95 50 | Tel. 995 95 51 | www.sylthotel.de* | €€

MIRAMAR [U A4–5]

Hier logierten schon Hans Albers, Max Schmeling und Gerhart Hauptmann. Heute ist es das Stammhotel von Udo Lindenberg. *79 Zi., 11 Suiten | Friedrichstr. 43 | Tel. 85 50 | Fax 85 52 22 | www.hotel-miramar.de* | €€€

HOTEL NIEDERSACHSEN [U A5]
Ruhig, strandnah und zentral gelegen und eine engagierte, junge Leitung. *29 Zi. und Suiten | Margarethenstr. 5 | Tel. 922 20 | Fax 77 29 | www.hotel-niedersachsen.de* | €€

Fußgängermeile: Westerlands Friedrichstraße

HOTEL STADT HAMBURG [U B4]
1869 als eines der ersten Hotels in Westerlandgebaut, gehört das Stadt Hamburg heute zu den besten Häusern Deutschlands. Exquisiter englischer Landhausstil, Wellnessbereich im asiatischen Kolonialstil mit Beautyfarm. Die Küche von Ulrich Person gehört zu den besten der Insel. *70 Zi. und Suiten | Strandstr. 2 | Tel. 85 80 | Fax 85 82 20 | www.hotelstadthamburg.com* | €€€

LANDHAUS SYLTER HAHN [U B6]
Bildhübsche Zimmer im Landhausstil verstecken sich hinter der eher unscheinbaren Fassade. Zentral, aber ruhig im Süden Westerlands gelegen. MIt schönem, großem Garten und kleinem, aber gut ausgestattetem Wellnessbereich. *20 Zi., 4 Apartments | Robbenweg 3 | Tel. 928 20 | Fax 92 82 22 | www.sylter-hahn.de* | €–€€

HOTEL WÜNSCHMANN [U A4]
Von außen ein wenig ansprechender Bau, drinnen aber behaglich und elegant. Und: Einige Zimmer haben Meerblick! Gleich hinterm Strand gelegen nahe der Sylter Welle. *35 Zi. | Andreas-Dirks-Str. 4 | Tel. 50 25 | Fax 50 28 | www.hotel-wuenschmann.de* | €€–€€€

FREIZEIT & SPORT

BOWLING [U C5]
Renoviertes Bowlingcenter, in dem immer was los ist: acht Bowling-, zwei Microbowling-, vier Kegelbahnen, Moonlightbowling, Bar und Restaurant *Lucky's*. *Tgl. 14–24 Uhr | Industrieweg 10 | Tel. 98 68 98 | www.luckys-sylt.de*

FAHRRADVERLEIH

M & M ([U B5] *Bismarckstr. 46 | Tel. 357 77); Velo Quick (* [U C4] *Kirchenweg 13 | Tel. 215 06); Lydias Fahrradverleih (* [U B4] *Kirchenweg 2, 250 m vom Bahnhof | Tel. 29 94 94); Fahrrad am Bahnhof (* [U B4] *Gleis 1 | Tel. 58 03); Sylter Pedale (* [U B4] *Kirchenweg 15 | Tel. 0170/150 56); Leksus (* [U B3] *Norderstr. 42 | Tel. 83 50 00)*

STRÄNDE

Der knapp 6 km lange Westerländer Strand bietet praktisch alles. Wer auf der Website *www.westerland.de* die Rubrik „Strandkörbe online buchen" anklickt, kann sich eine Strandanimation ansehen, auf der alle 18 Übergänge eingezeichnet und beschrieben sind. Beliebt ist der sogenannte *Funbeach* für alle möglichen Ballspiele. Ab 14 Uhr Animation und Ausgabe der nötigen Utensilien an der Promenade, Höhe Sylter Welle.

SYLTER WELLE [U A4]

Freizeit- und Wellenbad mit Nordseewasser, Außenbecken, Whirlpool, Kinderbecken, Fitnessraum, Saunalandschaft, Thermalbad mit 30 Grad warmem Meerwasser, zwei Bistros – und fast alles mit Blick auf die Nordsee! *Tgl. 10–22 Uhr | Strandstr. 32 | 11 Euro (mit Sauna 18 Euro), Familien- und Sondertarife, Frühschwimmen Di, Do, Sa 8–10 Uhr (5 Euro)*

SYLTNESS CENTER [U A4]

Direkt an die Sylter Welle angeschlossen ist diese 4500 m² große Wellnessoase: Wem Nordsee und Strand nicht genug sind, der findet hier Beautystudio, Thalassotherapie, Kuranwendungen, Sportcenter und und und. *Dr.-Nicolas-Str. 3 | Infos und Preise im Syltness-Magazin und unter www.westerland.de*

AM ABEND

In keinem anderen Sylter Ortgibt es so viele Möglichkeiten, sich einen vergnügten Abend (oder eine ebensolche Nacht) zu machen: Bei hippen Cocktails läuft der Countdown zur Nacht im *American Bistro (* [U B4] *Paulstr. 3 | www.american-bistro-sylt.de)*. An 365 Tagen im Jahr hat die *Bistrobar Cohibar (* [U A–B5] *Bötticherstr. 10)* geöffnet. In der Kellerdisko ▶▶ *Cave Club (* [U B4] *Strandstr. 3–5)* steppt ab 22 Uhr der Bär, besonders bei den regelmäßig stattfindenden Mottopartys. In *Tommys Musikcafé (* [U A4] *Bomhoffstr. 8 a)* wird bei Musik von Rock bis Reggae getanzt, bis der Arzt kommt, in der Saison ab 22 Uhr. In der *Wunderbar (* [U B4] *Paulstr. 6 | www.wunderbar-sylt.eu)* kommen Fans deutscher Schlager voll zum Zuge, mitsingen inklusive. Und in der Event- und Cocktailbar *Black & White (* [U A4] *Strandstr. 6–8 | www.blackandwhite-sylt.de)* wird ab 21 Uhr regelmäßig zum Karaoke geblasen.

CLAUDIA [U A4]

Die Transendiva der Insel schafft es jeden Abend, ihren Gästen im Alter von 18–80 Jahren einen fröhlichen Abend zu bescheren. *Mo–Sa ab 22 Uhr | Andreas-Dirks-Str. 10*

GALAXIS [U A4]

Ein original lila Diskotraum aus den Siebzigerjahren. Leider nur zu Special Events („Disco Inferno") geöffnet. *Strandstr. 31 | Tel. 92 30 | www.club-cassis.de*

IRISH PUB ▶▶ **[U A4]**
Irischer Whiskey, Guinness, Irish Stew bei irischer Folkmusik (teilweise live) und in passendem Ambiente. *Nov.–Ostern Mo geschl. | Paulstr. 15*

KINO **[U A4]**
Die Insel hat ein modernes Kinocenter, die *Kinowelt.* Hier werden neue Filme nicht erst mit dreimonatiger Verspätung gezeigt. *Strandstr. 9 | Tel. 83 62 20 | www.kinowelt-online.de*

KLEIST CASINO (KC) ▶▶ **[U A4]**
Gay-Nachtleben seit über 30 Jahren. Auch Frauen sind willkommen, nur graue Mäuse mag man nicht. *Tgl. ab 22 Uhr | Elisabethstr. 1 a*

SPIELBANK WESTERLAND **[U B4]**
Im Westerländer Rathaus, das zur Zeit der vorletzten Jahrhundertwende als Kurhaus erbaut wurde, befindet sich seit 1949 die Westerländer Spielbank – sie ist die kleinste Deutschlands. *Nov.–März Mo/Di geschl., Großes Spiel sonst tgl. ab 19.30 Uhr | Andreas-Nielsen-Str. 1*

AUSKUNFT

TOURISMUS-ZENTRUM SYLT **[U B4]**
Stephanstr. 6 | Tel. 99 88 | Fax 99 85 55 | www.buchungszentrum-sylt.de

TOURISMUSSERVICE **[U A4]**
Strandstr. 35 und Friedrichstr. 44 | 25980 Westerland | Tel. 99 80 | Fax 998 60 00 | www.westerland.de

Am Westerländer Strand können Sie sich ruhig einen Korb geben lassen

> SYLT VON ALLEN SEITEN

Zwei Entdeckungstouren durch die Natur zu Fuß und mit dem Rad

Die Touren sind auf dem hinteren Umschlag und im Reiseatlas grün markiert

1 NATUR PUR ZWISCHEN STRAND UND WATT

Auf dieser knapp 10 km langen Wanderung zwischen Wenningstedt, Kampen und Braderup erleben Sie alle Landschaftsformen der Insel: Dünen und Heide, Kliff und Watt sowie Wiesenlandschaften. Ein Weg unter dem Motto „Sylt für die Seele".

Ausgangspunkt ist der Strandübergang der Berthin-Bleeg-Straße in Wenningstedt. Hier halten Sie sich nordwärts (rechts) und nehmen den Wanderweg durch die Dünen. Im ersten tiefen Dünental kann man Zeugen eines dunklen Abschnitts deutscher Geschichte entdecken: Die Betonbrocken sind letzte Reste einer schweren Marineflakbatterie zur Verteidigung der Küste im Zweiten Weltkrieg, ein kleiner Teil des großen Nordatlantikwalls. Auf der Höhe des Strandrestaurants **Wonnemeyer** *(S. 71)*

Bild: Strand am Roten Kliff in Wenningstedt

AUSFLÜGE & TOUREN

– mittlerweile laufen Sie direkt auf der Abbruchkante des Roten Kliffs – haben Sie einen herrlichen Blick über den knapp 30 m unter Ihnen liegenden Strand. Bald ist der Weg versperrt. Hier biegen Sie rechts in die Dünen ein und werden direkt zur höchsten Erhebung der Insel geführt, der **Uwe-Düne** *(S. 40)*. Von hier oben genießt man bei guter Sicht einen traumhaften Blick über den Nordteil der Insel.

Von der Düne führt ein Fußweg durch die Kampener Heide weiter nordwärts. So erreichen Sie die Sturmhaube und laufen über die Parkplätze weiter in Richtung des berühmten Hauses Kliffende. Heute ist es in Privatbesitz, doch in den Zwanziger- und Dreißigerjahren erholten sich hier u. a. der Schriftsteller Thomas Mann, der Maler Emil Nolde und auch NS-Reichsmarschall Hermann Göring. Nachdem Sie die Eingangspforte passiert haben, biegt direkt neben dem Haus ein Weg rechts in die Heide ein: ein wunderschöner Pfad, der Sie direkt durch das Insider Tipp *Gräberfeld der Krockhooger* führt, eine geschlossene Gruppe von hohen Rundhügeln aus der Bronzezeit.

Sie kreuzen den Radweg, kommen zur Hauptstraße, die Sie ebenfalls queren (Ampel!), um auf der anderen Seite dem Radweg nach Norden (links) zu folgen. Nach 200 m biegen Sie rechts in den Fußweg Grönning ein. An dieser schmalen Stelle kommen Sie bald auf die Ostseite der Insel. Sie laufen am Fuß eines Abhangs entlang, dem Rand des eiszeitlichen Geestkerns. Das Gelände links von Ihnen ist hingegen Marschenland. Die Häuser hier gehören zu den teuersten Immobilien Deutschlands. Auffällig ist ein großer, grauer Baukörper mit einem kleinen Turm. Die sogenannte „Springer-Burg“ gehörte einst dem Verleger Axel Springer.

Der vor Ihnen liegende Weg ist jetzt eindeutig. Immer am Watt entlang, führt er Sie im Bogen in Richtung Süden zurück. Wenn Sie den Pfad am Wasser verlassen und sich rechts orientieren, befinden Sie sich bald im Naturschutzgebiet der Braderuper Heide, die an den Ort Braderup grenzt. Hier halten Sie sich rechts und kommen an die Hauptstraße M.-T.-Buchholz-Stich. An der Hauptkreuzung biegen Sie in den Terp Wai ein, es sei denn, Sie haben noch Lust und Zeit, sich das **Naturzentrum** *(S. 33)* anzusehen. Der Terp Wai wird zur Braderuper Straße, und wenn Sie immer geradeaus gehen, kommen Sie nach 2 km wieder zu Ihrem Ausgangspunkt zurück.

Man kann auch die folgende Alternativroute nehmen, die allerdings etwas länger ist: Vom Terp Wai rechts in den Brönswai einbiegen. Am Ende links dem Fußweg folgen, der am Gelände des Golfplatzes entlangführt. Der Weg mündet auf die kleine, asphaltierte Straße Gaadt. Dieser folgen Sie links und werden so unter der Umgehungsstraße nach Kampen hindurchgeführt. Gleich sind Sie am **Dorfteich** *(S. 70)* mit der Friesenkapelle, hinter der das steinzeitliche Grab **Denghoog** *(S. 70)* liegt. Wenn

Am Fuß der Braderuper Heide spaziert man idyllisch am Wattenmeer entlang nach Braderup

Sie sich dann links halten, kommen Sie wieder in die Berthin-Bleeg-Straße zurück.

2 AUF VOGELSCHAU VON RANTUM ANS MORSUM-KLIFF

Diese Radtour führt über den Außendeich des Rantumbeckens und den Nössedeich am Wattenmeer entlang, dann ein Stück durch die Marsch nach Morsum und von dort zum Morsum-Kliff. Die Strecke mit hoher Rückenwindwahrscheinlichkeit ist etwa 17 km lang, die Wege sind zumeist geteert oder aus festem Schotter, also gut zu befahren. Mitnehmen sollten Sie ein Fernglas, eine Karte zur genauen Orientierung und je nach Wetterlage Regen- oder Sonnenschutz.

Sie starten in Rantum an der **Sylt-Quelle** *(S. 64)*, von der aus Sie durch das kleine Gewerbegebiet zum kleinen Yachthafen radeln. Von da gelangen Sie nordwärts auf den Deich, der das **Rantumbecken** *(S. 64)* vom Meer abgrenzt. Auf diesem fahren Sie nun die nächsten Kilometer – linker Hand zunächst Reet, dann die Wasserfläche des Beckens, rechts das Wattenmeer. Bald beschreibt der Deich eine Linkskurve, und Sie entdecken im Becken einige flache Inselchen, künstlich geschaffene Brutplätze für Seeschwalben, Möwen und Säbelschnäbler, die hier zur Brutzeit einen Höllenlärm veranstalten. Am Ende des Rantumbeckens biegen Sie scharf nach rechts, also nach Osten ab und rollen den Deich hinunter auf den seeseitigen Weg vor dem Nössedeich.

Immer noch rechter Hand liegt das Wattenmeer, auf dem sich im Frühjahr und Herbst viele Tausende von Zugvögeln beobachten lassen. Doch auch im Sommer gibt es hier Enten und Watvögel in Menge zu sehen. Nach etwa 6 km, kurz bevor der Deich eine deutliche Linkskurve beschreibt, müssen Sie die Deichkrone überqueren, da der Küstenweg vor dem Deich bald enden wird. Nach dieser kurzen Steigung radeln Sie nun hinter dem Deich weiter gen Osten, vorbei zunächst am *Katrevel*, einem ehemaligen Meeresarm, der durch die Eindeichung zu einer Reihe von Süßwasserteichen wurde, Refugium vieler Vogelarten. 3 km weiter knickt die Straße, die nun Uasterhörn heißt, links ab in Richtung Norden nach **Morsum** *(S. 57)*. An der ersten größeren Kreuzung biegen Sie links ab in den Täärpstig und kurz danach rechts in den Nösistig, auf dem Sie über eine Brücke die Bahnlinie überqueren.

Insider Tipp

Hinter der Brücke geht es rechts in Richtung Naturschutzgebiet **Morsum-Kliff** *(S. 58)*. Hier endet die Tour, und zwar am besten im Caférestaurant **Morsum Kliff** *(S. 60)*. Zurück geht es anschließend vom Bahnhof mit dem *Fahrradbus (S. 98)* über Keitum nach Westerland.

EIN TAG AUF SYLT

Action pur und einmalige Erlebnisse.
Gehen Sie auf Tour mit unserem Szene-Scout

SPOREN GEBEN

9:30

Der Tag startet im wilden Galopp. Wenn der Sand unter den Hufen der Pferde aufgewirbelt wird, dann überträgt sich die Energie der Tiere auf den Reiter. Der Wake-up-Ritt gibt den Kick für die kommenden Stunden. **WO?** *Reitstall Wiesengrund | Zum Wiesengrund | Tinnum | Anmeldung nötig unter Tel. 316 00 | Kosten für Fortgeschrittene 40 Euro/2 Std., für Anfänger 30 Euro/Std. | www.reiten-sylt.de*

11:30

EVERYTHING IS POSSIBLE

Ja, ich will ... auf den einzigen Leuchtturm der Insel steigen, der seit Kurzem zur Besichtigung freigegeben ist – oder dort vielleicht sogar heiraten? Denn nichts ist unmöglich! Augen auf heißt es, wenn man den 33-m-Turm erklommen hat. Wenn kein Nebel herrscht, sieht man bis nach Amrum und Föhr. **WO?** *Kurverwaltung Hörnum | Strandweg 2 | Anmeldung nötig unter Tel. 962 60 | Kosten: 4,20 Euro | www.hoernum.de*

FLUGZEUGE IM BAUCH

12:30

Höher und höher schraubt sich nicht nur das Flugzeug, in dem man nun sitzt, sondern auch der eigene Adrenalinpegel. Innerhalb der nächsten Minuten wird man in einer Höhe von etwa 2500 m das Flugzeug verlassen! Die Sekunden, bis sich der Fallschirm öffnet, werden zu Stunden und nie wieder vergessen sein. Der Tandemsprung ist Nervenkitzel pur! **WO?** *Seventh Sky | am Flughafen Westerland | Tel. 0173/216 01 21 | Kosten: 220 Euro | www.seventhsky.de*

14:00

SUPPENKÜCHE

Durchschnaufen – und Fisch fassen! Die Fischsuppe von Blum in Westerland hat mittlerweile Kultcharakter. Am besten an einem der Stehtische in der Fußgängerzone schmecken lassen! **WO?** *Blum's Seafood Bistro | Neue Str. 4 | www.blums-shop.de*

24h

WATERWORLD

15:00

Von der Luft gehts ab ins Wasser. Paddel in die Hand und mit dem Kajak die Wellen durchbrechen! Gischt und Strömung sind die Gegner, die eigene Power der Verbündete. Wer spielt nicht gerne mal Kapitän und stellt sich dem Meer? **WO?** *Sunset Beach | Brandenburger Str. 15 | Westerland | Tel. 271 72 | Kosten: 5 Euro/Std. | www.sunsetbeach.de*

16:30

MANCHE MÖGENS HEISS

It's Wellnesstime! Versteckt in den Dünen liegt die *Strandsauna Samoa*. Hier fließt der Schweiß in Strömen. Wer nach Abkühlung lechzt, stürzt sich in die kühlenden Fluten der Nordsee und chillt anschließend auf der Terrasse mitten am Strand. **WO?** *Hörnumer Str. 70 | Rantum | Tel. 95 79 42 | Kosten: 14 Euro*

FOOD-ABC

20:00

Hungrig? Dann hat man nun die Qual der Wahl. Genüsslich Austern schlürfen oder doch lieber kultig Currywurst essen? Bier oder Champagner dazu? Im *Wonnemeyer* gibts alles. Und wer sich nicht entscheiden kann, mag oder will, der probiert einfach von A wie Austern bis Z wie Zander alles durch. **WO?** *FKK-Strand Nord | Wenningstedt | Tel. 452 99 | www.wonnemeyer.de*

22:30

ISLE OF NIGHT

Der absolute Intreff wartet: In der *Cohibar* gibts die dicksten Zigarren und die hippsten Partypeople. Danach ist Location-Hopping in der Paulstraße in Westerland angesagt: Die Dance-Meile lässt von Club über Bar oder Gay-Spot bis hin zum Tanzschuppen keine Ausgehwünsche offen. **WO?** *Bötticherstr. 10 | Tel. 226 73 | www.cohibar.de*

> DER WIND BEWEGT ALLE

Und das sogar im Wortsinn: Segler und Surfer, Segelflieger und Radfahrer. Letztere pflegen eine Hassliebe

> Das Sportangebot auf Sylt ist in den letzten Jahren erfreulich gewachsen. Wer sich auf Sylt viel in der frischen Luft bewegt, sollte allerdings nie auf den ausreichenden Lichtschutzfaktor verzichten – selbst in der kühleren Jahreszeit! Die Nordwestwind-Wetterlagen sind tückisch: Die vom Meer kommenden Winde sind fast frei von Schwebstoffen, die Strahlung trifft ungefiltert auf die Haut, was man durch die Kühle des Windes oft zu spät merkt.

> *www.marcopolo.de/sylt*

FASTENWANDERN

Für Leute, die wenig Zeit haben, sich aber dennoch rundum erholen wollen, ist das Fasten in Verbindung mit viel Bewegung (Wandern, Walken, Radfahren) und Entspannungsübungen (Yoga etc.) *der* Trend. Vielfältige Angebote hierzu machen z. B. *Heike Werner (Tel. 88 64 77 | www.fastenwandern-sylt.de)* in Westerland oder *Frank Ahlers (Tel. 92 74 56 | www.fasten-sylt.de)* im alten Flughafentower.

SPORT & AKTIVITÄTEN

FLIEGEN

Auf dem Westerländer Flughafen (Zufahrt bei Keitum über die Munkmarscher Chaussee schräg gegenüber St. Severin) haben die Segelflieger *(Aeroclub Sylt e.V. | Tel. 0175/ 589 30 56 | www.aeroclub-sylt.de)* ihre Flugschule. Immer sonntags (einfach hinfahren) kann man sich bei gutem Flugwetter für 20 Euro mit in die Luft nehmen lassen und die Insel aus völlig neuer Perspektive erleben.

GOLF

Beim Golfen auf Sylt ist die größte Herausforderung der (Gegen-)Wind! Mit dem neuen, anspruchsvollen 18-Loch-Links-Course *Budersand (Fernsicht 1 | Tel. 449 27 10 | www.gc-budersand.de)* in Hörnum gibt es insgesamt vier Golfplätze, allerdings darf der Morsumer Platz nur von Mitgliedern genutzt werden. In Wenningstedt finden Sie den *Golf-Club Sylt e. V. (Norderweg 5 | Tel. 995 98 10 | www.*

golfclubsylt.de), einen 18-Loch-Platz inmitten bronzezeitlicher Grabanlagen. Außerdem gibt es einen 6-Loch-Kurzplatz, ideal für Anfänger. Hier ist auch die *Golf Academy (Tel. 995 48 31 | www.sylter-golfakademie.de)* von Allan Owen ansässig. Auf dem Gelände des Inselflughafens liegt der 18-Loch-Platz *Marine-Golf-Club-Sylt (Tel. 92 75 75 | www.golf-sylt.de)*. Die hiesige *Golfschule (Tel. 44 91 27)* leitet Andreas Strandberg.

NORDIC WALKING

2005 wurde auf Sylt das größte zusammenhängende und zertifizierte Tourennetz Deutschlands für Nordic Walker eingeweiht. Auf 220 km kann man 26 verschiedene Routen erwandern. Sämtliche Kurverwaltungen der Insel verfügen über Faltpläne; über die Website *www.sylt.de*, Stichwort Sport/Freizeit, sind ebenfalls alle Infos einsehbar.

PARAGLIDING

Bei entsprechenden Wetterbedingungen bietet Gunnar Godt für 50 Euro Tandem-Gleitschirmflüge entlang der Küste an. *Tel. 0172/890 23 63*

RADFAHREN

Rund 300 km Radwege laden ein, Sylt auf dem Fahrrad zu erkunden. Häufig führen sie fernab vom Autoverkehr durch die Dünen. Dabei müssen Sie das eigene Fahrrad nicht mit auf die Insel bringen, denn in jedem Inselort sind Räder in vielerlei Ausstattung zu mieten. Bevor Sie aufbrechen, sollten Sie die Windrichtung prüfen, denn wer mit kräftigem Westwind nach Morsum radelt, kann sonst auf dem Rückweg eine Überraschung erleben – oder muss auf die Fahrradgestelle der SVG-Linienbusse zurückgreifen. Manche Verleiher bieten auch einen Bring- und Abhol- und einen Oneway-Service an, z. B. *Velo-Quick (Kirchenweg 13 | Westerland | Tel. 215 06)* oder die Filialen von *M & M (s. einzelne Orte)*. Die Preise liegen zwischen 6 und 10 Euro am Tag, es gibt ermäßigte Wochentarife.

REITEN

Über 30 km Reitwege gibt es auf der Insel: wunderschöne Pfade, die teilweise durch Dünen, Wiesen und am Watt entlangführen. Wer sein eigenes Pferd mitbringen möchte, benötigt eine Genehmigung vom *Amt Landschaft Sylt (Tel. 934 00)*. Ponys für Kinder und Erwachsene sowie Ausritte gehören zum Angebot von *Bodil's Ponyfarm (Braderup | Terp Wai 20 | Tel. 424 44)*. Die Reitschule *Volquardsen (Braderup | Terp Wai 17 | Tel. 443 69)* bietet Reiten nach der Feldenkraismethode und therapeutisches Reiten an. In Keitum finden Sie die *Reitschule Grünhof (Süderstr. 80 | Tel. 312 08)* von Jan Andersen. Ausritte ans Watt offeriert ebenfalls in Keitum der *Reitstall Hoffmann (Gurtstig 46 | Tel. 315 63)*. Auf dem Morsumer *Reiterhof Lobach (Litjmuasem 16 | Tel. 89 02 39)* können Sie reiten lernen, und wer es schon kann, darf mit den Pferden hinaus in die Natur. Eine professionell geführte Reitanlage ist der *Olivenhof (Ingewai 40 | Tel. 329 06)* in Tinnum. Und ebenfalls in Tinnum bietet der *Reitstall Wiesengrund (Zum Wiesengrund | Tel. 316 00)* täglich Strandausritte an.

SPORT & AKTIVITÄTEN

Für Golfer ist öfter der Gegenwind als das Gegenlicht eine Herausforderung

TENNIS

Hinter der Norddörferhalle in Wenningstedt befinden sich die vier Außenplätze (Allwetterplätze) des *Tenniscenters Kampen-Wenningstedt (April bis Okt. | Norderweg | Tel. 0175/ 87 71 26)*. Der *Tennisclub Westerland (Am Seedeich 38 | Tel. 67 29)* ermöglicht mit zehn Außenplätzen (Asche) und drei Hallenplätzen (Teppich) ganzjähriges Spiel. Reservierung ist sinnvoll. Einen Außen- und einen Hallenplatz sowie eine Blockhaussauna bietet die *Tennisanlage Rantum (April bis Okt. | Hafenstr. 12 | Tel. 225 84)*.

WASSERSPORT

Der Surfsport nimmt auf Sylt eine Spitzenposition ein. Calle Schmidt von *Syltsportiv (Munkmarsch | Heefwai 4 | Tel. 93 50 77)* gibt seit über 30 Jahren Surfkurse. Sein Unterrichtsrevier liegt in der Nähe des Munkmarscher Hafens. Neben Aufbaukursen werden auch Jollen- und Catsegelkurse angeboten. Hans Heinickes Blockhütte ▶▶ *Sunset Beach (Brandenburger Str. 15 | Tel. 271 72)* am Westerländer Strand kennt wohl jeder Syltsurfer. Vor seiner Haustür findet der alljährliche Surf World Cup statt. In der übrigen Zeit wird unterrichtet: Schnupper- und Auffrischungskurse, Brandungssurfen, Wellenreiten, Kitesurfen und Catsegeln. Außerdem kann man bei ihm Kajaks mieten. Im Winter surft Jörg Beneke selbst in wärmeren Gefilden. Aber von Mai bis Oktober wird in Wenningstedt im *Camp one (Übergang Risgap | Tel. 433 75)* unterrichtet, u. a. Boogieboarden, Kitesurfen und Wellenreiten, außerdem Unterricht extra für Kinder und Jugendliche. Am Rantumer Hafen hat die ▶▶ *Surfschule Norden (Tel. 338 37 58)* ihr Quartier, und über die *Kurverwaltung (Tel. 807 77)* sind die Erwachsenen- und Kinderkurse der *Windsurf- und Wellenreitschule Meerspass* zu buchen. In Hörnum residiert die Segelschule *Sylter Catamaran Club* südlich vom Hafen.

> 40 KILOMETER SANDKISTE

Sylturlaub mit Kindern: ein Kinderspiel, denn es gibt an fast jeder Ecke etwas zu entdecken

> Die zwölf Ortschaften auf Sylt haben sich alle auf Kinder eingestellt – allerdings einige mehr und andere weniger. An erster Stelle für Familienurlaub steht Wenningstedt mit seinen vielen Veranstaltungen für Kids.

Viele Apartmentvermieter haben sich ebenso auf Kinder eingerichtet wie Restaurantbesitzer. So steht vor der Strandhütte Wonnemeyer am Wenningstedter Strand ein riesiges Spielschiff, die Sturmhaube in Kampen und das Aldente in Tinnum haben einen eigenen Spielplatz, und auch elegante Restaurants wie beispielsweise das Hardy in Westerland zeichnen sich durch aufmerksamen Service für Familien mit Kindern aus.

Mehrere Einrichtungen bieten ein Kinderbetreuungsprogramm an: Toben, lachen, spielen, basteln mal ohne Mama und Papa können Kinder in der *Villa Kunterbunt (Tel. 0180/500 99 80)* an der nördlichen Promenade in Wes-

MIT KINDERN UNTERWEGS

terland, im *Confetti Kinderclub (Neues Schützenhaus | Tel. 442 25)* oder im *Kamp'ino Kinderclub* in Kampen *(Kaamp Hüs | Tel. 469 80)*. Wer in Wenningstedt urlaubt, meldet sich beim *Tourismus-Service (Osetal 5 | Tel. 44 70)*. Und wer Bollerwagen, Buggy oder Babybett nicht im Reisegepäck verstauen will, kann das Gewünschte bei *Harlekin (Strandstr. 6–8 | Tel. 20 11 36 | harlekinmatze@aol.com)* in Westerland mieten.

KINDERSCHWIMMEN [108 A2]

Wem die Nordsee zu kalt ist, der geht in die *Sylter Welle*. Das Schwimmbad in Westerland hat viele Attraktionen für die Kids. Die Post geht ab auf der 45-m-Wasserrutsche, für die Jüngeren gibt es ein Planschbecken und ein Kugelbad und für die Abenteurer das Wikingerschiff. Fragen Sie nach den verschiedenen Familientarifen! *Tgl. 10–22 Uhr | Strandstr. 32 | Familienkarte 24 Euro*

MINI-MOTOCROSS SYLT [106 B5]

Auf der Kindermotorradbahn hinter der Norddörferhalle zwischen Kampen und Wenningstedt dürfen Kids ab sechs Jahren (vorausgesetzt, sie können Fahrrad fahren) auf Minimotorrädern mal so richtig heizen. Auf 30 km/h können sie dabei immerhin kommen. *Juni–Aug. bei trockenem Wetter tgl. 10–13 und 15–20 Uhr | 10 Min. 8 Euro*

MITMACHZIRKUS ▶▶ [106 B5]

Im Insel-Circus können die Kleinen zeigen, was in ihnen steckt. Jeden Montag im Juli und August beginnt das einwöchige Training, dessen Abschluss die große Zirkusgala vor Eltern, Geschwistern oder Freunden ist. Mit Einfühlungsvermögen und pädagogischem Geschick werden die Kinder an Jonglierbälle, Trapez oder Einrad herangeführt, und das Unvorstellbare wird Wirklichkeit, wenn die kleinen Clowns und Feuerspucker die Manege betreten. Der großen Nachfrage wegen ist frühzeitige Anmeldung dringend erforderlich. Übrigens: Mittwochnachmittags dürfen alle Kinder Zirkusluft schnuppern, auch wenn sie nicht am Wochentraining teilnehmen. *Zirkustelefon (ab Anfang Juli) 29 94 99 oder Tourismus-Service Wenningstedt Tel. 44 70 | www.inselcircus.de*

Insider Tipp

Stinkt, macht Lärm und zischt ab: Kids lieben das Mini-Motocross

NATURERLEBNISRAUM FRIEDRICHSHAIN [U B2]

Die Stadt Westerland hat das im Norden gelegene Wäldchen Friedrichshain renaturiert. Von April bis Oktober finden hier kostenlose Veranstaltungen (Treffpunkt Waldhütte) für Kinder statt, die so auf spielerische Weise an die Natur herangeführt werden. Infos unter *Tel. 85 15 20* oder unter *www.stadt-westerland.de*.

PIRATENFAHRT [105 E4]

Von Ostern bis Oktober heißt es mehrmals wöchentlich im Lister Hafen „Auf zur Kaperfahrt!“. Dann legt um 16 Uhr die Gret Palucca mit Kindern (vier bis acht Jahre) und Eltern nicht nur zur Schatzsuche ab. Alle werden zünftig eingekleidet und können sich auf eine unvergessliche Tour freuen. *Adler-Reederei | obligatorische Anmeldung Tel. 987 00 oder 87 72 80 | 19 Euro, Kinder 14 Euro*

PONYREITEN [106 B6]

Auf *Bodil's Ponyfarm* in *Braderup (Terp Wai 20 | Tel. 424 44 | 1 Runde 2,50 Euro, 15 Min. 10 Euro)* können Kinder auf den Ponysattel steigen, und zwar in der Hauptsaison *tgl. 10 bis 12 und 15–18 Uhr.* Auch Ausritte.

KINDERN UNTERWEGS

Ein Highlight für große und kleine Kinder ist der Mitmachzirkus in Wenningstedt

Insider Tipp

STRANDOLYMPIADE [106 A5–6]

Seit drei Jahrzehnten organisiert ein leidenschaftlicher Syltfan jedes Jahr im Juli vor Wenningstedt die sogenannte Strandolympiade, einen Wettkampf in der Art von „Spiel ohne Grenzen“: ein großer Spaß für die ganze Familie. Auskunft: *Tourismus-Service Wenningstedt | Tel. 44 70*

TEENIEDISKO [106 B4]

Wer acht bis 13 Jahre alt ist und nicht mehr länger warten möchte, um wie die Großen abzuhotten, muss nach Kampen. Die Edeldiskos *Pony* und *Club Rotes Kliff* bieten im Juli und August einmal wöchentlich im Wechsel Tanz von 18 bis 20 Uhr *(Eintritt 2,50 Euro)*. Auskunft: *Tourismus-Service Kampen | Tel. 469 80*

Insider Tipp

TIERPARK TINNUM [108 C4]

Der Tierpark von Tinnum ist ein echter Geheimtipp. Eine solch liebevolle Präsentation von (hauptsächlich einheimischen) Tieren, die gestreichelt werden können, gibt es selten. Ein parkähnliches Gelände und ein großer Spielbereich lassen den Besuch leicht zum Ganztagsausflug (Picknick mitnehmen!) werden. *April–Okt. tgl. 10–19 Uhr | 12 Euro, Kinder 6 Euro | Ringweg 100*

TRAMPOLIN

In Wenningstedt betreut das Restaurant *Kartoffelkiste (Dünenstr. 14)* am Kliff sechs Trampolins, in Westerland gibt es den gleichen Spaß auf der Promenade vor der Villa Kunterbunt. In Rantum hat das *Bistro Bamboo (Hafenstr. 4)* ebenfalls sechs Trampolins eingerichtet, und in Hörnum gibt es sechs dieser Sprungmatten sowie eine Pit-Pat-Anlage am Oststrand. In List stehen Trampolins und Fun-Booster im Tälchen Süderhörn/Ecke Listlandstr. Alle Anlagen sind von April/Mai bis Oktober täglich bis in den Abend hinein geöffnet. Die Trampolins in Westerland sind gratis, alle anderen Anlagen kosten ca. 1,50 Euro für 10 Minuten.

WATTFÜHRUNGEN FÜR KINDER

Ein Spaziergang zu Willy Wattwurm & Co. ist für Kinder ein Riesenerlebnis. Die Schutzstation Wattenmeer bietet in Hörnum, Rantum und Keitum anderthalb- bis dreistündige Führungen extra für Kids an. *Termine im Veranstaltungskalender, bei den Touristbüros oder unter www.schutzstation-wattenmeer.de. Spendenempfehlung 3–5 Euro, Kinder 2–3 Euro*

> VON ANREISE BIS WETTER

Urlaub von Anfang bis Ende: die wichtigsten Adressen und Informationen für Ihre Syltreise

ANREISE

Mit der Bahn *(Tel. 0180/101 80 11 | www.nord-ostsee-bahn.de)* über den Hindenburgdamm, entweder im Personenzug (ab Hamburg drei Stunden) oder per Autozug *(Tel. 01805/93 45 67 | www.syltshuttle.de)*. Die Verladung erfolgt in Niebüll, das man am schnellsten über die A 7 bis Flensburg-Harrislee, ab da über die B 199 erreicht. Die einfache Fahrt mit einem PKW bis 6 m kostet 45, die Hin- und Rückfahrt 83, von Di bis Do 70 Euro. Viele Gäste lassen das Auto auf dem Festland stehen und fahren ab Niebüll (40 Min.) oder ab Klanxbüll (30 Min.) mit dem Personenzug. Parkplatzvermieter in direkter Bahnhofsnähe haben sich in beiden Orten auf diese Klientel eingestellt.

Wer nicht auf das Gefühl verzichten möchte, auf eine Insel zu fahren, sollte über Dänemark mit der Fähre derRømø-Sylt-Linie*(Tel. 0180/3103030 | www.syltfaehre.de)* anreisen, die in List anlegt. Dauer rund 45 Min., einfache Fahrt mit einem PKW bis 4,39 m 43,50, Hin- und Rückfahrt 64, von Di bis Do 59 Euro.

Flugverbindungen gibt es im Sommer von zahlreichen deutschen Flughäfen mit Air Berlin, Lufthansa, Tuifly und ab Hamburg mit Sylt-Air. Der Winterflugplan ist stark eingeschränkt. *Tel. 04651/92 06 12 | www.flughafen-sylt.de*

PRAKTISCHE HINWEISE

AUSKUNFT

TOURISMUS-ZENTRUM SYLT

In der *Alten Post (Stephanstr. 6)* erhalten Sie alle nötigen Informationen. Das Büro übernimmt auch die Zimmervermittlung. *Tel. 04651/99 88* | *Fax 99 85 55* | *www.buchungszentrum-sylt.de*

SYLT-MARKETING-GESELLSCHAFT

Versand von Gastgeberverzeichnissen und telefonische Informationen zu allen Themen. *Tel. 04651/820 20* | *Fax 82 02 22* | *www.sylt.de*

BADEN

Die Wasserqualität ist eine der besten an der ganzen Nordseeküste. Sie wird ständig kontrolliert. Da manche Strömungen gefährlich werden können, haben die Kurverwaltungen bewachte Strandabschnitte eingerichtet, die von Rettungsschwimmern beaufsichtigt werden. Wenn an deren Strandkarren ein roter Ball gehisst wird, ist Baden nur unter Aufsicht erlaubt, zwei rote Bälle signalisieren Badeverbot. Gelbe Andreaskreuze weisen auf die (bei Hochwasser nicht zu sehenden!) Buhnen hin. Diese Küstenschutzwerke können gefährliche Strömungswirbel bilden. Wer ihnen zu nahe kommt, muss mit ernsthaften Verletzungen rechnen, denn einige bestehen aus verrostetem Stahl, und die erodierten Spundwände ragen teilweise wie Sägeblätter ins Wasser.

Wer den Boden unter den Füßen verliert, kann von einer seewärts ziehenden Strömung erfasst werden, dem Trekker, der sich an den engen Stellen zwischen den Sandbänken aufbaut. Wer an einem unbewachten Badestrand in diesen Sog gerät, sollte nicht in Panik geraten und auf keinen Fall dagegen ankämpfen. Hinter den Sandbänken verliert der Trekker seine Kraft, wer ein Stück parallel zur Küste schwimmt, kann fernab dieser Strömung wieder den Strand erreichen.

Die Wasser- und Lufttemperaturen sind an den Strandübergängen ausgehängt. Das Nordseewasser erreicht auch im Hochsommer selten 20 Grad. Wer es lieber etwas wärmer hat, dem sei das flache Wattenmeer empfohlen (bei Hochwasser kann man problemlos an der Ostseite der Insel schwimmen), denn wenn die Flut über den aufgewärmten Wattenmeerboden geströmt ist, erreicht das Wasser hier Temperaturen bis 28 Grad!

BUSSE

Der Busbahnhof, kurz ZOB, liegt direkt am Bahnhof in Westerland. Fünf Linien der Sylter Verkehrsgesellschaft *(www.svg-sylt.de)* bedienen in der Saison im 20-Minuten-Takt (im Winter alle 30 Minuten) alle Inselorte. In Westerland gibt es zwei Stadtbuslinien (Einheitspreis 1,55 Euro), die im 30-Minuten-Takt verkehren.

Das Preissystem der Inselbusse ist etwas kompliziert, da es feste Tarifzonen gibt. Die Fahrt innerhalb einer Zone kostet 1,55 Euro, egal wie weit. Es kann aber auch passieren, dass Sie nur 500 m fahren und 2,05 Euro zahlen, wenn Einstieg und Ausstieg zwei Zonen berühren. Günstiger fährt, wer die wiederaufladbare SVG-Spar-Card für 15 Euro erwirbt. Außerdem gibt es neben Wochen- und Monatskarten auch Tageskarten *(Mini: 12,80 Euro, 1 Erwachsener, 2 Kinder; Maxi: 18 Euro, 2 Erwachsene, 4 Kinder)*.

Wer sich auf einer Radtour überschätzt – oder den Gegenwind unterschätzt – hat, kann die Linienbusse ebenfalls nutzen, denn alle sind mit einem Fahrradgestell für bis zu fünf Räder ausgerüstet *(pro Rad 1,55 bis 3,80 Euro)*.

CAMPING

Es gibt sieben Campingplätze auf Sylt; Infos zu ihnen auf den folgenden Websites: *www.campen-in-kampen.de*, *www.wenningstedt.de*, *www.campingplatz-westerland.de*, *www.insel-camping-sylt.de* (Tinnum), *www.camping-rantum.de*, *www.campinplatz-sylt.de* (Morsum), *www.hoernum.de*

FKK

Mittlerweile hat jeder Ort einen FKK-Strandabschnitt. Die Grenzen zu den Textilstränden sind fließend. Schon Mitte des 19. Jhs. wurde von einem Badearzt das Nacktbaden propagiert. Aber erst 100 Jahre später wurden offizielle Nacktbadestrände eingerichtet, denen man so exotische Namen wie Abessinien oder Samoa verpasste.

GESUNDHEIT

Auf Sylt herrschen überwiegend Seewinde. Wenn sie auf die Küste treffen, sind sie extrem schadstoffarm und unbelastet von jeglichen Allergenen. Der Grund hierfür liegt zum einen in der Industrieferne der Insel, zum anderen reinigt sich die Luft über dem Meer. Besonders gesund ist ein Spaziergang am Strand entlang der Brandung, denn so werden durch die Atmung die salzreichen und heilenden Meerwasseraerosole aufgenommen. Wer über die Zusammensetzung der Sylter Luft mehr erfahren will, kann sich bei der *Messstelle Sylt des Umweltbundesamts in Westerland (Lornsenweg 9 | Tel. 824 40 50)* informieren.

GEZEITEN

Für längere Strandspaziergänge ist es sinnvoll, sich vorher über Ebbe und Flut in einem Tidenkalender zu informieren, die kostenlos in allen Kurverwaltungen erhältlich sind. Denn wer bei Flut losmarschiert, muss mühevoll durch den trockenen Sand gehen. Bei Ebbe hingegen läuft man über jenen Sand, der von der vorangegangenen Flut förmlich festgewalzt wurde.

Da das Wasser sechs Stunden und 13 Minuten aufläuft (Flut) und ebenso lange abläuft (Ebbe), ergeben zwei Tiden (Ebbe und Flut = Tide) knapp 25 Stunden. Das ist der Grund dafür, warum die Zeiten für Hochwasser (Fluthöchststand) und Niedrigwasser (tiefste Ebbe) täglich um rund eine Stunde wandern. Die Zeiten sind von Ort zu Ort verschieden, besonders groß ist der Unterschied zwischen West- und Ostseite der Insel.

HUNDE

Auf Sylt gibt es Hundestrände, und wer seinen Vierbeiner fernab vom

Meer laufen lassen möchte, der trifft Gleichgesinnte auf dem Gelände des Flugplatzes (Zufahrt Marine-Golfplatz). Ansonsten gilt Leinenzwang! Die gejagten Lämmer, erschöpften Brutvögel und toten Vogelküken sind auf Sylt ungezählt, weil viele in völliger Unkenntnis der örtlichen Verhältnisse ihren Hund auf Sylt frei laufen lassen.

INSELFÜHRUNGEN

Wer zum ersten Mal nach Sylt reist, für den empfiehlt sich eine Inselrundfahrt per Bus, auf der man einen guten Eindruck von der Verschiedenartigkeit der Ortschaften bekommt. *März bis Nov. tgl. ab Bahnhof um 11 Uhr (2 Std. | 12,50 Euro) und 14 Uhr (3 Std. | 15 Euro). SVG | Tel. 04651/83 61 00 | www.svg-sylt.de*

Tiefer gehende Informationen über die Insel vermittelt eine professionelle Führung: Stadtrundgang, Dorfführungen, Wattwanderung, ornithologische oder geologische Exkursionen usw. – das Angebot ist vielfältig. *www.sylt-fuehrung.de*

INTERNET

Wer „Sylt" in die Suchmaschinen eingibt, ist ein paar Tage beschäftigt. Die informativsten Internetseiten: *www.sylt-tourismus.de* (Site der Tourismuszentrale); *www.sylt-news.de* (alles über die Insel, verlinkt mit *www.sylt-wetter.de* und der Online-Buchungsdatenbank *www.sylt-buchen24.de*); *www.syltlinks.de* (Webverzeichnis mit über 1350 Links zu Sylter Seiten); *www.sylt-suche.de* (Suchmaschine); *www.gastgeber-sylt.de* (über 300 Unterkünfte im Angebot); *www.stiftung-kuestenschutz-sylt.de* (informative Site der 2007 gegründeten Stiftung); *www.ps-sylt.de* (Partyplaner); *www.vivasylt.de* (Events, Termine, Klatsch und Tratsch)

INTERNETCAFÉS & WLAN-SERVICE

In Westerland gibt es das nette Internetcafé *Dom Ally (Bomhoffstr. Ecke Strandstr.)*, das auch kleine Gerichte und Getränke anbietet. Weitere Anlaufstellen: das Foyer des *Tourismusservice Westerland (Strandstr. 35)*, das *e@sy-internet-Büro (Andreas-Dirks-Str. 8* und *Friedrichstr. 44)* und die *Bücherei (Stephanstr. 6 b)*. *e@sy-internet* ist auch in *Tinnum (Kiarwai 1), List (Tonnenhalle)* und *Hörnum (Strandstr. 1)* vertreten.

Die Zahl der WLAN-Anbieter steigt ständig. Hotspots gibt es auch in einigen Tourismuszentren.

KARTENVORVERKAUF

Die wichtigsten Veranstaltungen auf Sylt sind mittlerweile zentral buchbar, denn die Insel arbeitet mit *Ticketonline (www.ticketonline.de)*, einer großen Ticketagentur, zusammen. Zu den insularen Vorverkaufsstellen gehören die Touristbüros in Keitum, Kampen, List, Rantum, Tinnum, Morsum, das Hotel Windrose in Wenningstedt sowie in Westerland die Buchhandlung Voss, das Kaufhaus H. B. Jensen und der Fremdenverkehrsverein im Bahnhof. Nur Westerland selbst hat für seine Veranstaltungen (leider) ein eigenes Ticketsystem.

KLEIDUNG

Wer sich in der Sylter Natur bewegt, achte darauf, atmungsaktive Kleidung zu tragen. Das sogenannte Zwiebelschalenprinzip bewährt sich dabei am besten: Mit mehreren (leichten) Pulloverschichten kann man sich am einfachsten den Temperaturverhältnissen anpassen. Durch die Pullover kann der Wind bis an die Haut dringen und sie massieren. So wird der Stoffwechsel kräftig angeregt.

KREDITKARTEN

Kreditkarten werden – wie überall an Nordfrieslands Küste – nur in wenigen Geschäften und Restaurants akzeptiert.

> WAS KOSTET WIE VIEL?

> **IMBISS**	**3,50 EURO** für ein Krabbenbrötchen
> **STRANDKORB**	**6–9,50 EURO** für die Miete pro Tag
> **BIER**	**3 EURO** für 0,25 Liter vom Fass
> **FAHRRAD**	**6–8 EURO** für die Miete pro Tag
> **KUCHEN**	**3 EURO** für ein Stück Friesentorte im Café
> **KURABGABE**	**2,20–3 EURO** pro Nacht und Person in der Hauptsaison

KURABGABE

Jeder Gast auf Sylt muss pro Tag eine Abgabe zahlen, die je nach Aufenthaltsdauer, Ort und Saison variiert (der Maximalbetrag sind 3,50 Euro für Tagesgäste in der Hochsaison). Sie wird u. a. für die Finanzierung der Rettungsschwimmer, für die Strandreinigung, und für Kurkonzerte verwendet. Die Vermieter stellen die Gästekarten aus, ohne die man keinen Zugang zum Strand erhält. Wer bei Bekannten oder Verwandten unterkommt, erwirbt die Kurkarte bei der örtlichen Kurverwaltung.

NATURSCHUTZ

Die unberührte Natur der Insel ist ihr größtes Kapital. Mit zehn Naturschutzgebieten stehen insgesamt 36 km² Inselfläche unter Schutz. Dazu kommen 830 ha Landschaftsschutzgebiete sowie die riesigen Wattflächen, die seit 1986 Nationalpark sind. Viele der geschützten Flächen kann man allein erwandern, doch oftmals ist es interessanter, sich den Führungen der betreuenden Vereine anzuschließen. Die Schutzgebiete Morsum-Kliff und Braderuper Heide werden von der *Naturschutzgemeinschaft Sylt e. V. (M.-T.-Buchholz-Stich 10 a | Braderup | Tel. 444 21)* betreut, die Hörnum-Odde und die südlichen Watten von der *Schutzstation Wattenmeer (Rantumer Str. 27 | Hörnum | Tel. 88 10 93)*. Sehenswert sind ebenfalls das Gelände der Kampener Vogelkoje *(s. S. 41)* sowie die *Eidum-Vogelkoje (Führungen in Planung, aktuelle Infos bei der Touristeninformation Rantum erfragen)* nördlich von Rantum. Für alle Schutzgebiete gilt, dass man auf den offiziellen Wegen bleibt, selbst wenn Trampelpfade einen verleiten, querfeldein zu gehen.

SAISONZEITEN

Die Sylter Saison beginnt zu Ostern. Spätestens da sind alle Restaurants und Hotels wieder geöffnet und dann bis zum Ende der Herbstferien. Die meisten Betriebsferien fallen in die Monate November bis Februar. Weihnachten, Silvester und das Biikefest gelten jedoch als Hochsaison.

TELEFON

Die Vorwahl für alle Orte auf Sylt ist *Tel. 046 51*.

UNTERKUNFT

Das Image von Sylt als der Insel der Reichen wird zwar von der Presse gepflegt, trifft aber nicht wirklich zu. Man kann auf Sylt Unterkünfte in jeder Preisklasse finden, vom Einzelzimmer mit Frühstück für 20 oder 30 Euro bis zur Suite für 1000 Euro pro Nacht. Während Kampen, Braderup und Keitum ein eher teures Pflaster sind, findet man in Tinnum und Hörnum noch preiswerte Unterkünfte. Der größte Apartmentvermieter der Insel ist *Riel (Tel. 16 06 | www.riel-sylt.de)*. Wer Wert auf gehobene Ausstattung legt, wird bei *SAS (Tel. 410 62 | www.sas-sylt.de)* fündig. Kurzfristig Unterkunft in Westerland finden Sie unter *Tel. 0180/500 99 80*. In der Nebensaison gibt es attraktive Sonderangebote. Da dieser Reiseführer aus Platzgründen leider nicht einzelne Kleinvermieter aufnehmen kann, der Tipp: Lassen Sie sich von den jeweiligen Touristbüros ein Unterkunftsverzeichnis zusenden.

VERANSTALTUNGSKALENDER

Gleich bei Ankunft sollten Sie sich „TV-Sylt“ *(www.tvsylt.com)* besorgen, das Kurverwaltung und Vermieter ausliegen haben. Neben interessanten Artikeln über Sylt, wichtigen Adressen und dem aktuellen TV-Programm befindet sich in diesem Heft ein umfassender Veranstaltungskalender – damit Sie auf Sylt nichts verpassen!

WETTER IN WESTERLAND

	Jan.	Feb.	März	April	Mai	Juni	Juli	Aug.	Sept.	Okt.	Nov.	Dez.
Tagestemperaturen in °C	3	2	5	10	15	18	20	20	17	12	8	5
Nachttemperaturen in °C	-1	-2	0	4	8	11	14	14	12	8	4	1
Sonnenschein Std./Tag	2	3	4	6	7	9	7	7	5	3	2	2
Niederschlag Tage/Monat	12	9	8	8	7	7	10	12	12	13	13	13
Wassertemperaturen in °C	4	3	4	6	10	13	17	17	15	13	9	6

Restaurant „Gosch am Kliff" in Wenningstedt

> UNTERWEGS AUF SYLT

Die Seiteneinteilung für den Reiseatlas finden Sie auf dem hinteren Umschlag dieses Reiseführers

REISE ATLAS

A
B
C
1
2
3
4
5
6
Salzsand
NORDSEE
Lister Landtief
Walschutz-
gebiet
Leuchtturm
List-West
Westellenbogen
Ellenbogen
(Alembööq)
Sörensknoll
Zone I
Königsh
(absoluter Sch
Jugend-Strand
Ellenbogenberg
Privat
Mautgebühr
Weststrandhalle
Norder-
(Nurer-)
West-Strand
Mövenberg
Jugendherberge
Jugendheim
Jenslongta
-Strandtal
(Ströndeel)
Naturschutzgebiet
Ellenbogental
Süder-
(Sürer-)
Wanderdüne
Nord-Sylt
Manne-
List-
morsum-
düne
Brunnenfe
tal
Sütterkn
FKK-Strand
Strand-
sauna
Wander-
Sperrgebiet
Wettersta
Blidsel-
land
tal
Mellhörn
Strandtal
Blidsel
Süder-
heidetal
Blidselbucht
Schutzhütte
NSG
Nord-Sylt
Westerheide
Klapphc
106

D
E
F
DANMARK
DEUTSCHLAND
1
2
3
4
5
6
NSG
schutzgebiet
Leuchtturm List-Ost
Ostellenbogen
Vogelschutzgebiet Uthörn
Ellenbogen
Ellenbogenspitze (Alemböögspünt)
Uthörn Seevogelbrutgebiet
Seevogel-wärterhaus
Kläranlage
Lister Koog
Seevogel-brutgebiet
FKK
Kurverwaltung
Alfred-Wegener-Institut/ Wattenmeerstation
Erlebniszentrum Naturgewalten
List
A-Rosa Spa-Hotel
Auto- u. Personenfähre nach Havneby/Rømø ca. h
Ausflugsfahrten nach Dänemark
Hoyer Tief
Hunnigen-sände
Wattenmeer
Irrtief
500 m
107

A
104
B
C
Klappholttal
Akademie am Meer
Volkshochschule
Jugenderholung
1
2
3
4
5
6
NORDSEE
Walschutz-
gebiet
Jugend-
Seeheim
Kassel
Naturkundl.
Info-Zentrum
NKV
NSG
Dünen-
Biotop
Klapp-
holttal
Hamburger
Kinderheim
bewachter
FKK-Strand
WC
Kläranlage
NSG
Nielönn
ehem.
Quermarkenfeuer
Kliffende
Hoogen-
kamp
Sturmhaube
NSG
Steingrab
FKK
Kur-
verw.
Uwe-Düne
52
Dünen-
landschaft
Kupfer-
kanne
Kampen
21b
auf dem
Roten Kliff
Rotes Kliff
Leuchtturm
Rotes Kliff
Wester
Heide
Rotes Kliff
Norddörfer
Schule
Denghoog
Friesen-
kap.
Insel- Circus
(im Sommer)
Norddörfer
Halle
Golfplatz
NSG
Braderuper
Heide
Post
Wenningstedt
Braderup
Büürlön
Weißes Kliff
Naturzentrum
Kläranlage
108
Nord-

D
E
F
105
1
2
3
4
5
6
pener
elkoje
Lister Ley
Nationalpark
Schleswig-Holsteinisches Wattenmeer
•
UNESCO-Weltnaturerbe
allgemeiner Schutz
Leghörn
Wattenmeer
Pandertief
Butter-
sand
Rauling-
sand
500 m
109

A
B
C
106
112
1
2
3
4
5
6
Nord-
wäldchen
"Asklepios"
Nordseeklinik
Sanatorium
Bioklimatologische
Station
FKK-Strand
Friedrichs-
hain
1939-45
Marine-
14
WESTERLAND
Schul-
zentrum
Kinderstrand
Nordhedig
Tower
FLUGHAFEN SYLT
Syltness
Center
Osthedig
Freizeitbad
Sylter Welle
Tourismus-Service
Flugschule
Südhedig
1914-18
Auto-Ankunft
Auto-Abfahrt
ZOB
Industriegebiet
Wasser-
turm
Strand für
Kinderheime
Schule
Sylt-
Aquarium
Tinnumburg
Süd-
wäld-
chen
Süderende
Tinnu
(Sylt-Os
3
23
Vogel und
Wildparadies
Munkmark
FKK-Strand
2
23
Steidum Inge
Waadens-Sil
Naturpark
Info-Zentrum
Jugend-
zeltlager
Eidum
Vogel-
koje
Dikjen
Deel
NSG
18
Seevogelschutzgebiet
2
Baakdeel
21
NSG
Rantumbecken
19
Breer-

Naturzentrum
Kläranlage
E
F
107
500 m
1
Club
Keitumer
Heide
ehemaliger
Marine-Fliegerhorst
20
Nationalpark
Munkmarsch
2
Sönshörn
(Sandecke)
Schleswig-
2
Jückers-
marsch
Holsteinisches
Klentertal
St. Severin
3
Tierheim
Keitum
(Sylt-Ost)
Wattenmeer
Sportzentrum
Sylt-Ost
Keitum
(Sylt Ost)
Altfriesisches Haus
Klöwenhoog
Weststeg
Feuerwehr
Museum
Grund-
schule
Tipkenhoog
10
Harhoog
4
Oststeg
Sil
Kaamp
Munkhurn-Sil
(Siel)
Krüts-Wial
Archs-Wial
(Wehle)
5
Öwenhoog
4
Schutzstation
Wattenmeer
Schöpfwerk
Touristbüro
Alte Schule
Klaar
Baggerloch
und
Sandinseln
2
Firstklent
5
Archsum
Tjüls-Wial
Zone I
6
Hühnengrab
Hiligenört
(absoluter Schutz)
110

A
B
C
109
St. Severin
Keitum
(Sylt- Ost)
Nationalpark
Altfriesisches Haus
Feuerwehr Museum
Grundschule
Tipkenhoog
10
Harhoog
Holsteinische
Kaamp
Krüts-Wial
Schutzstation Wattenmeer
Schöpfwerk
Archs-Wial (Wehle)
Holerem
Touristbüro Alte Schule
Klaampshörn
Schellinghörn
Firstklent
5
Archsum
Tjüls-Wial
Hühnengrab Steinzeit Mittelmarsch
Hiligenört
Sylt
Wall
Börtkilgettel
Neuer Graben
2
Katrevel
Morsum-
1
Odde
Zone I
(absoluter Schutz)
1
2
3
4
5
6

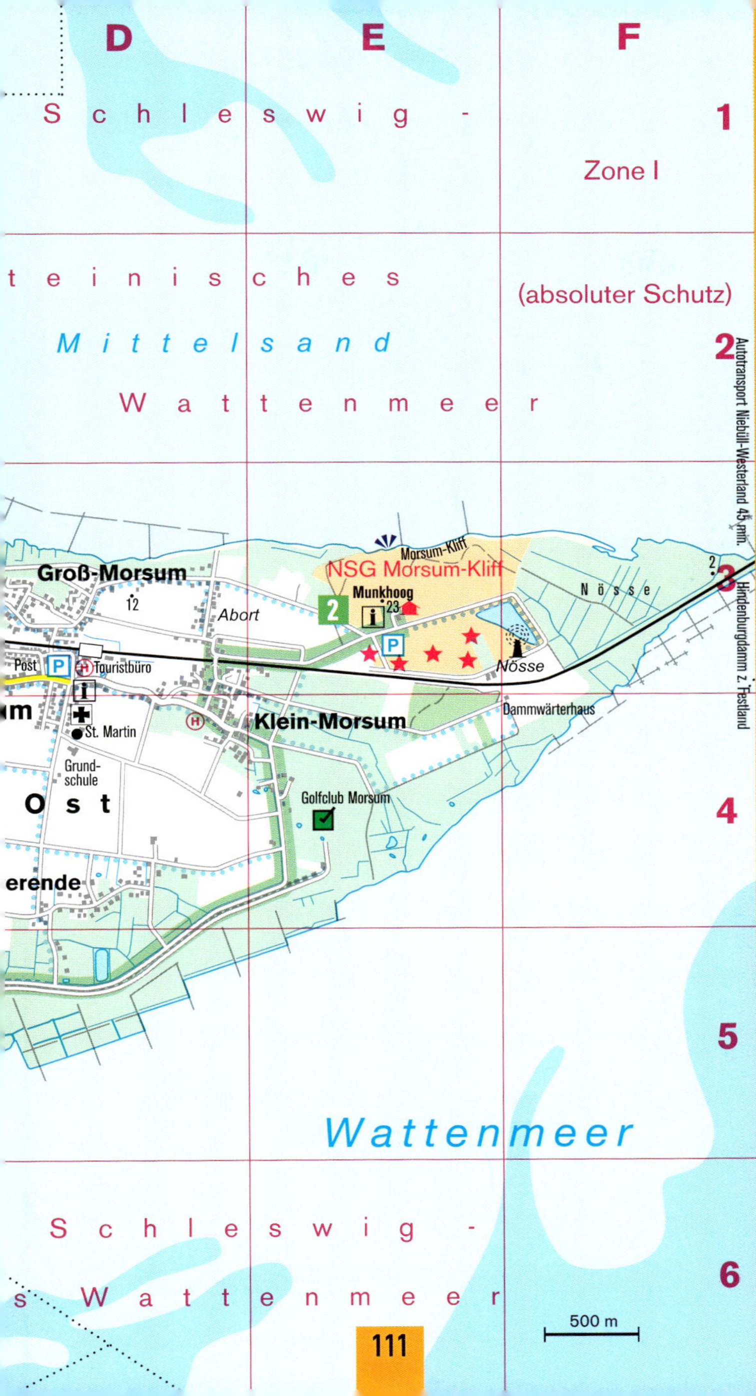
D
E
F
1
2
3
4
5
6
Schleswig-
Zone I
teinisches
(absoluter Schutz)
Mittelsand
Wattenmeer
Autotransport Niebüll-Westerland 45 min.
Hindenburgdamm z. Festland
Morsum-Kliff
NSG Morsum-Kliff
Groß-Morsum
Munkhoog
23
12
2
Nösse
Abort
Post
Touristbüro
Nösse
Dammwärterhaus
Klein-Morsum
St. Martin
Grund-
schule
Golfclub Morsum
Ost
erende
Wattenmeer
Schleswig-
s Wattenmeer
500 m

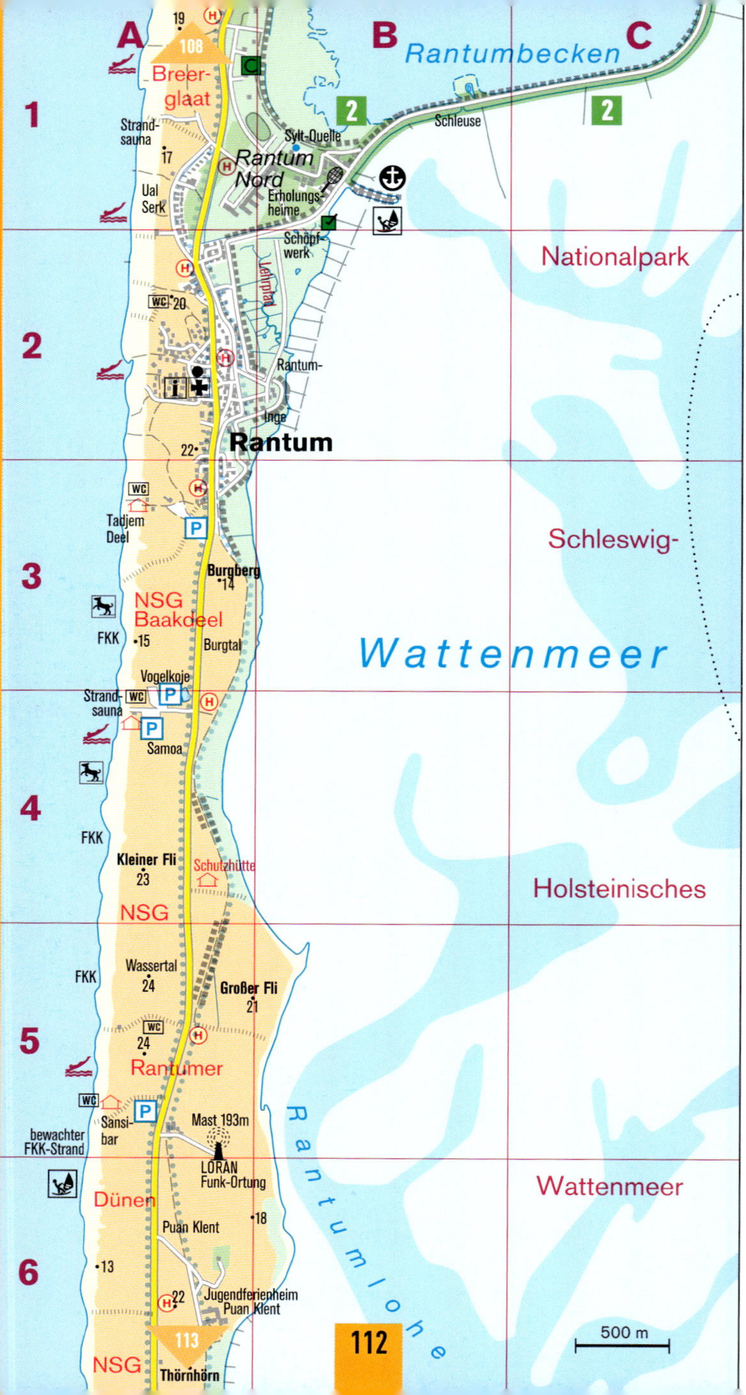
A
B
C
1
2
3
4
5
6
108
113
Rantumbecken
Breer-
glaat
Strand-
sauna
Ual
Serk
Rantum
Nord
Erholungs-
heime
Sylt-Quelle
Schleuse
Schöpf-
werk
Lehrpfad
Rantum-
Inge
Rantum
Nationalpark
Schleswig-
Holsteinisches
Wattenmeer
Wattenmeer
Tadjem
Deel
Burgberg
NSG
Baakdeel
FKK
Burgtal
Vogelkoje
Strand-
sauna
Samoa
Kleiner Fli
Schutzhütte
NSG
Wassertal
Großer Fli
Rantumer
Sansi-
bar
bewachter
FKK-Strand
Mast 193m
LORAN
Funk-Ortung
Dünen
Puan Klent
Jugendferienheim
Puan Klent
Rantumlohe
NSG
Thörnhörn
500 m

D
E
F
1
2
3
4
5
6
112
Jugendferienheim Puan Klent
NSG
Thörnhörn
Klatigdeel
Rantumer
Nationalpark
Dünen
Walschutz-
Möskental
Schleswig-
Neue Wasserkuhle (Niweterkül)
Schullandheim
Möwennest
Graues Tal
Budersand
Golfclub Budersand und Hotel
Holsteinisches
Hörnum
gebiet
Info-Zentrum Wattenmeer
Steintal
Kurverwaltung
bewachter FKK-Strand Strandsauna
Segelschule
Leuchtturm Hörnum
Wattenmeer
Hörnum-Reede
Weiße Düne
FKK-Strand
Seevögel-Nist-und Brutplätze
NSG Hörnum-Odde
Amrum-tief
Hörnumloch
Helgoland (V-X) 4 h, Amrum (III-X) 1 h
Föhr (III-X) 2 h, Hooge (III-X) 1 1/2 h
500 m
N O R D S E E

KARTENLEGENDE

- Wichtige Hauptstraße
- Hauptstraße
- Nebenstraße
- Straße in Bau/Planung
- Fahrweg
- Straße für Kraftfahrzeuge gesperrt
- Straße für Kraftfahrzeuge gegen Gebühr
- Straßentunnel, -brücke
- Karrenweg
- Fußweg
- Pfad
- Dünenschutzweg
- Wattweg mit Pricken
- Eisenbahn mit Bahnhof
- Ausflüge & Touren
- Radweg
- Autoverladung per Bahn/Schiff
- Autofähre
- Personenfähre
- Schifffahrtslinie mit Anlegestelle
- Kanal mit Schleuse
- Kirche im Ort, freistehend
- Kapelle, Wegkreuz, Gedenkstein
- Denkmal, Ehrenmal
- Schloss, Burg
- Schloss-, Burgruine
- Kloster, Klosterruine
- Leuchtturm
- Aussichtsturm
- Grillplatz
- Funk- bzw. Fernsehturm
- Hafen, Ankerplatz
- 25 Höhenpunkt
- Kraftwerk, Staudamm
- Mühle
- Information
- Hervorragende Bäume
- Campingplatz
- Golfplatz, Minigolf
- Tennisplatz, Sportplatz
- Segelfluggelände, Flugplatz
- Reitstall
- Hallenbad
- Schwimmbad geheizt, ungeheizt
- Windsurfen
- Hundestrand
- Bewachter Badestrand
- Badeverbot wegen Lebensgefahr
- Gasthof bzw. Hotel (außerhalb des Ortes)
- Restaurant, Café ohne Übernachtung (außerhalb des Ortes)
- Omnibushaltestelle
- Unfallstation, Krankenhaus
- Hünen- bzw. Hügelgrab, Ringwall
- Jugendherberge
- Tankstelle
- Parkplatz
- Parkhaus
- Quelle, Brunnen
- Schöner Ausblick / Rundblick
- Staatsgrenze

FÜR IHRE NÄCHSTE REISE

gibt es folgende MARCO POLO Titel:

DEUTSCHLAND
Allgäu
Amrum/Föhr
Bayerischer Wald
Berlin
Bodensee
Chiemgau/Berchtesgadener Land
Dresden/Sächsische Schweiz
Düsseldorf
Eifel
Erzgebirge/Vogtland
Franken
Frankfurt
Hamburg
Harz
Heidelberg
Köln
Lausitz/Spreewald/Zittauer Gebirge
Leipzig
Lüneburger Heide/Wendland
Mark Brandenburg
Mecklenburgische Seenplatte
Mosel
München
Nordseeküste Schleswig-Holstein
Oberbayern
Ostfriesische Inseln
Ostfriesland/Nordseeküste Niedersachsen/Helgoland
Ostseeküste Mecklenburg-Vorpommern
Ostseeküste Schleswig-Holstein
Pfalz
Potsdam
Rheingau/Wiesbaden
Rügen/Hiddensee/Stralsund
Ruhrgebiet
Schwäbische Alb
Schwarzwald
Stuttgart
Sylt
Thüringen
Usedom
Weimar

ÖSTERREICH | SCHWEIZ
Berner Oberland/Bern
Kärnten
Österreich
Salzburger Land
Schweiz
Tessin
Tirol
Wien
Zürich

FRANKREICH
Bretagne
Burgund
Côte d'Azur/Monaco
Elsass
Frankreich
Französische Atlantikküste
Korsika
Languedoc-Roussillon
Loire-Tal
Nizza/Antibes/Cannes/Monaco
Normandie
Paris
Provence

ITALIEN | MALTA
Apulien
Capri
Dolomiten
Elba/Toskanischer Archipel
Emilia-Romagna
Florenz
Gardasee
Golf von Neapel
Ischia
Italien
Italienische Adria
Italien Nord
Italien Süd
Kalabrien
Ligurien/Cinque Terre
Mailand/Lombardei
Malta/Gozo
Oberital. Seen
Piemont/Turin
Rom
Sardinien
Sizilien/Liparische Inseln
Südtirol
Toskana
Umbrien
Venedig
Venetien/Friaul

SPANIEN | PORTUGAL
Algarve
Andalusien
Barcelona
Baskenland/Bilbao
Costa Blanca
Costa Brava
Costa del Sol/Granada
Fuerteventura
Gran Canaria
Ibiza/Formentera
Jakobsweg/Spanien
La Gomera/El Hierro
Lanzarote
La Palma
Lissabon
Madeira
Madrid
Mallorca
Menorca
Portugal
Sevilla
Spanien
Teneriffa

NORDEUROPA
Bornholm
Dänemark
Finnland
Island
Kopenhagen
Norwegen
Schweden
Stockholm
Südschweden

WESTEUROPA | BENELUX
Amsterdam
Brüssel
Dublin
England
Flandern
Irland
Kanalinseln
London
Luxemburg
Niederlande
Niederländische Küste
Schottland
Südengland

OSTEUROPA
Baltikum
Budapest
Estland
Kaliningrader Gebiet
Lettland
Litauen/Kurische Nehrung
Masurische Seen
Moskau
Plattensee
Polen
Polnische Ostseeküste/Danzig
Prag
Riesengebirge
Russland
Slowakei
St. Petersburg
Tallinn
Tschechien
Ungarn
Warschau

SÜDOSTEUROPA
Bulgarien
Bulgarische Schwarzmeerküste
Kroatische Küste/Dalmatien
Kroatische Küste/Istrien/Kvarner
Montenegro
Rumänien
Slowenien

GRIECHENLAND | TÜRKEI | ZYPERN
Athen
Chalkidiki
Griechenland Festland
Griechische Inseln/Ägäis
Istanbul
Korfu
Kos
Kreta
Peloponnes
Rhodos
Samos
Santorin
Türkei
Türkische Südküste
Türkische Westküste
Zakinthos
Zypern

NORDAMERIKA
Alaska
Chicago und die Großen Seen
Florida
Hawaii
Kalifornien
Kanada
Kanada Ost
Kanada West
Las Vegas
Los Angeles
New York
San Francisco
USA
USA Neuengland/Long Island
USA Ost
USA Südstaaten/New Orleans
USA Südwest
USA West
Washington D.C.

MITTEL- UND SÜDAMERIKA
Argentinien
Brasilien
Chile
Costa Rica
Dominikanische Republik
Jamaika
Karibik/Große Antillen
Karibik/Kleine Antillen
Kuba
Mexiko
Peru/Bolivien
Venezuela
Yucatán

AFRIKA | VORDERER ORIENT
Ägypten
Djerba/Südtunesien
Dubai/Vereinigte Arabische Emirate
Israel
Jerusalem
Jordanien
Kapstadt/Wine Lands/Garden Route
Kapverdische Inseln
Kenia
Marokko
Namibia
Qatar/Bahrain/Kuwait
Rotes Meer/Sinai
Südafrika
Tunesien

ASIEN
Bali/Lombok
Bangkok
China
Hongkong/Macau
Indien
Indien/Der Süden
Japan
Ko Samui/Ko Phangan
Malaysia
Nepal
Peking
Philippinen
Phuket
Rajasthan
Shanghai
Singapur
Sri Lanka
Thailand
Tokio
Vietnam

INDISCHER OZEAN | PAZIFIK
Australien
Malediven
Mauritius
Neuseeland
Seychellen
Südsee

REGISTER

Im Register sind alle in diesem Reiseführer erwähnten Orte, Sehenswürdigkeiten und Ausflugsziele sowie wichtige Sachbegriffe verzeichnet. Halbfette Seitenzahlen verweisen auf den Haupteintrag. Die Buchstaben in Klammern stehen für die Orte (KT = Keitum, MU = Munkmarsch, WN = Wenningstedt).

Algenfarm (L) 53
Alt-Westerland 75
Altfriesisches Haus (KT) **46**, 47
Amrum 37
Angeln 30
Aquarium 76
Archsum 30
Austern 26, 28, 53, 54
Austernfischer 56
Baden 97
Biikebrennen **16**, 22, 101
Blidselbucht 26
Boogieboarden 91
Boule 44
Bowling 79
Braderup **32f.**, 19, 28, 84, 90, 94, 101
Braderuper Heide **33**, 32, 84, 85, 100
Brandgans 56
Buhne 16 12, 44
Buhnen 16, 97
Busse **97**, 36, 90
Camping **98**, 69
Commandeur-Teunis-Haus (WN) 70
Denghoog (WN) **70**, 71, 84
Dittmeyer's Austern-Compagnie (L) 53
Dorfteich (WN) **70**, 71, 84
Dünen **17**, 11, 51, 54, 69, 82
Dünengras 17
Eiderente 56
Ekke Nekkepen 20
Ellenbogen 36, 52, 55, 56, 57, 70
Erlebniszentrum Naturgewalten Sylt 52
Fahrradfahren **85**, **90**, 38, 98, 100
Fallschirmspringen 86
Fastenwandern 13, 88
FKK **98**, 37, 44, 56, 67, 73
Fliegen 89
Föhr **38**, 37
Friedhof (KT) 48
Friedhof (L) 53
Friedhof (M) 59
Friedhof der Heimatlosen (W) 76
Friedrichshain (W) 94
Friesenkapelle (WN) 70, 84
Friesisch 60
Funbeach (W) 80
Gezeiten 98
Golf **89**, 34, 62
Grünes Kliff 19, 49
Halligen **39**, 37, 38
Harhoog (KT) 48
Heimatmuseum (KT) **48**, 46
Hindenburgdamm **18**, 10, 19, 61, 96
Hooge **39**, 38
Hörnum **33ff.**, 21, 23, 36, 86, 89, 91, 95, 99, 101
Hörnum-Odde **35**, 100
Hunde 37, 56, 67, 73, 98
Hünengräber **32**, **48**, 10, 70, 71, 84
Inselbahn 18
Insel-Circus (WN) 22, 94
Internetcafés 99
Jugendherbergen 36, 78
Kajakfahren 87, 91
Kampen **39ff.**, 10, 11, 12, 15, 18, 22, 27, 28, 29, 83, 92, 93, 95, 99, 100, 101
Katrevel 85
Kegeln 79
Kegelrobben 20
Keitum **44ff.**, 9, 10, 13, 19, 22, 23, 27, 28, 29, 34, 36, 90, 95, 99, 101, 118
Kino 81
Kitesurfen 14, 23, 91
Kliffende (K) 40, 83
Kliffweg (KT) 46
Klöntür 19
Königshafen 19
Krockhooger (K) 84
Kunstraum 14
Kurabgabe **100**, 120
Leuchttürme 35, 38, 57, 86
List **51ff.**, 13, 15, 19, 27, 28, 34, 36, 70, 94, 95, 96, 99
Listland **51**, 8, 18, 54
Marsch 19
Meerkabarett **22**, 14
Mini-Motocross 94
Morsum **57ff.**, 10, 13, 15, 28, 85, 89, 90, 99
Morsum-Kliff **58**, 19, 60, 85, 100
Möwen 120
Munkmarsch **61f.**, 24, 91
Naturerlebnisraum Friedrichshain (W) 94
Naturzentrum Braderuper Heide **33**, 84
Nordic Walking **90**, 44
Nössedeich 19, 30, 58, 85
Orgelkonzerte 22, 48
Paddeln 87, 91
Paragliding 90
Pellworm 37
Piratenfahrt 94
Ponyreiten 94
Quallen 19
Radfahren **85**, **90**, 38, 98, 100
Ran 20
Rantum **62ff.**, 14, 22, 23, 24, 27, 29, 34, 85, 87, 91, 95, 99, 100
Rantumbecken **64**, 85
Reet **19**, 50, 85
„Reisende Riesen" (W) 75
Reiten **90**, 86, 94
Ringreiten **31**, 22
Robben 20, 34
Röm **56**, 70, 96
Rømø **56**, 70, 96
Rotes Kliff **40**, **70**, 19, 30, 69, 82, 83
Salzwiesen 19
Sandbänke **20**, 97
Sandburgen 120
Sandvorspülungen **62**, 10, 69
St. Martin (M) 59
St. Niels (W) 75
St. Severin (KT) **47**, 22, 49
Schlittschuhlaufen 31
Schutzstation Wattenmeer (H) **35**, 95, 100
Schweinswale 20
Seehunde 20, 56
Seehundsbänke 56
Segelfliegen 89
Segeln 23, 62, 91
Söl'ring **60**, 31
Söl'ring Foriining **46**, 41, 48
Spielbank 81
Steinzeitliche Gräber **32**, **48**, 10, 70, 71, 84
Strandhafer 17
Strandkörbe 29, 55, 60, 66, 68, 80, 81, 100, 120
Strandolympiade (WN) 95
Strandsaunen 37, 44, 56, 67, 87
Sturmfluten **21**, 10, 39, 62, 63, 69, 71

Surfen **91**, 14, 23, 62, 73
Sylt-Aquarium 76
Sylt-Quelle **64**, 14, 22, 23, 26, 29, 85
Sylter Algenfarm (L) 53
Sylter Heimatmuseum (KT) **48**, 46
Sylter Royal 26, 28, 54
Sylter Welle (W) **80**, 36, 93
Tennis 91
Tetrapoden 21
Tidenkalender 98
Tierpark (T) 95
Tinnum **67ff.**, 13, 15, 18, 24, 86, 90, 92, 95, 99, 101
Tinnumburg (T) 67
Tipkenhoog (KT) 48
Trampolinplätze 95
Trekker 97
Uwe-Düne **41**, 83
Vogelkojen **41**, 43, 100
Wale 20
Walfang 9, 10
Wanderdünen **54**, 17, 18, 63, 69
Wasserqualität 97
Wassersport 91
Watt **21**, 10, 54, 57, 63, 64, 82, 84, 85, 90, 95, 97, 100
Wattenmeerstation (L) 54
Weißes Kliff 19
Wellenreiten 91
Wenningstedt **69ff.**, 22, 23, 27, 30, 34, 36, 82, 87, 89, 91, 92, 93, 94, 95, 99, 102, 118
Westerland **74ff.**, 10, 11, 12, 14, 15, 21, 23, 24, 27, 28, 29, 36, 86, 87, 90, 91, 92, 93, 94, 95, 97, 99, 101, 118, 120
Windsurfen **91**, 14, 23
Yoga 13

> SCHREIBEN SIE UNS

Liebe Leserin, lieber Leser,

wir setzen alles daran, Ihnen möglichst aktuelle Informationen mit auf die Reise zu geben. Dennoch schleichen sich manchmal Fehler ein – trotz gründlicher Recherche unserer Autoren/innen. Sie haben sicherlich Verständnis, dass der Verlag dafür keine Haftung übernehmen kann.

Wir freuen uns aber, wenn Sie uns schreiben.

Senden Sie Ihre Post an die
MARCO POLO Redaktion,
MAIRDUMONT, Postfach 3151,
73751 Ostfildern,
info@marcopolo.de

IMPRESSUM

Titelbild: Strandkorb in Wenningstedt (Mauritius: Laue)
Fotos: Michael Becker (86 M. l.); D. Breidenbach (12 o.); Lars Brinkmann (87 M. r.); HB Verlag: Raach (6/7, 27, 63, 76, 79), Schwarzbach (U. M., 4 r., 5, 32, 35, 41, 44, 45, 71, 92/93, 102/103); O. Heinze (16/17, 22, 22/23); Huber: Gräfenhain (8/9, 24/25, 30/31, 84/85); © iStockphoto.com: Mike Clarke (87 o. l.), Kelly Cline (86 u. r.), kreicher (86 o. l.), Michael Kurtz (12 u.), SERDAR YAGCI (87 u. r.); H. Jessel (U. l., U. r., 2 l., 2 r., 3 l., 3 r., 4 l., 20, 28, 38, 47, 49, 50, 52, 54, 57, 64, 68, 72, 88/89, 91, 94, 95); K. Kallabis (3 M.); Laif: Celentano (37, 67, 82/83), Raach (81); Landhaus Stricker: Hoppe (15 u.); Mauritius: Laue (1); N. Michaelis (118); Traute Nierth: Ernst Janssen (13 o.); 9pm media (14 o.); Redkliff Records: Elbsilber (15 o.); Hanka Sat Want: Helga Koss (13 u.); T. Schuppius (18, 26, 28/29, 29, 42/43, 58/59, 61, 65, 75); Skulpturengalerie Sylt: Anette Voelmy (15 M.); T. Stankiewicz (11); Sylt Marketing: Supanz (23); Sylt Quelle: Alfred Graf (14 u.); Tourismus-Service Hörnum (86 M. r.); Wonnemeyer (87 M. l.)

5. (13.), aktualisierte Auflage 2010

Chefredaktion: Michaela Lienemann, Marion Zorn
Autorin: Meta Hinrichsen; Bearbeitung: Arnd M. Schuppius; Redaktion: Nikolai Michaelis
Programmbetreuung: Silwen Randebrock; Bildredaktion: Gabriele Forst
Szene/24h: wunder media, München
Kartografie Reiseatlas: © Kompass Karten GmbH, A-6063 Rum/Innsbruck
Innengestaltung: Zum goldenen Hirschen, Hamburg; Titel/S. 1–3: Factor Product, München

Printed in Germany. Gedruckt auf 100% chlorfrei gebleichtem Papier

> UNSER INSIDER

MARCO POLO Korrespondent Arnd M. Schuppius im Interview

Arnd M. Schuppius lebt nahe der Nordsee am Nord-Ostsee-Kanal und reist von dort mehrmals im Jahr auf die Nordfriesischen Inseln.

Sie fahren seit 40 Jahren immer wieder nach Sylt. Wie ist es dazu gekommen?

Mein Großvater war als Schuldirektor maßgeblich am Aufbau des Bismarckheims in Wenningstedt beteiligt. Klar, dass sein Enkel, als der das erste Mal allein in die Sommerferien fahren durfte, dorthin geschickt wurde. Zwei Jahre später lernte ich dann dort meine erste große Liebe kennen – und die muss sich auf die Insel übertragen haben ...

Was reizt Sie an Sylt?

Das Reizklima ... ja, im Ernst! Aber auch der weite, unverstellte Blick, wenn man am Flutsaum entlangwandert und aufs Meer schaut. Und der Geruch – die Nordsee hat im Zusammenspiel mit der Inselvegetation in jeder Jahreszeit einen ganz eigenen, unverwechselbaren Duft – Sylt kann man wirklich riechen.

Und was mögen Sie nicht so?

Das Gedränge und den Küchendunst auf Westerlands Friedrichstraße in der Hauptsaison. Auch Syltbesucher, die trotz Parkplätzen am Ortseingang in großen Autos durch Keitums kleine Straßen wummern.

Was machen Sie beruflich?

Ich arbeite freiberuflich als Autor, Lektor und Redakteur für mehrere Verlage, Zeitschriften und Agenturen.

Kommen Sie viel auf Sylt herum?

Das bringt mein Beruf so mit sich – und im Lauf der Jahre lernt man natürlich auch eine ganze Reihe von Inselbewohnern kennen, mit denen man immer wieder gerne mal „einen Klönschnack hält".

Womit beschäftigen Sie sich in Ihrer Freizeit? Haben Sie spezielle Hobbys?

Ich engagiere mich im Naturschutz mit dem Schwerpunkt Ornithologie. Eine meiner Lieblingsbeschäftigungen – zu der ich leider viel zu selten komme – ist es, die von mir beobachteten Vögel dann später mit Buntstift, Aquarell und Feder zu Papier zu bringen.

Mögen Sie die nordfriesische Küche?

Aber ja! Zwar gibt es bei uns im Norden aufgrund der relativ kargen Landschaft nicht diese Vielfalt an Produkten wie z. B. im süddeutschen Raum, aber dafür hat man hier das Meer vor der Haustür – ein nicht zu unterschätzender Vorteil! Doch trotz Scholle, Krabbe und Miesmuschel bevorzuge ich alle Gerichte, die sich ums Deich- oder Salzwiesenlamm drehen.